Easy Quick
EQ030

3分鐘學會姓名學

龍琳居士◆著

序

承蒙讀者的愛護，本書已經是第十一本著作了，從第一本書的下筆，到現在所累積的心得，與先賢先哲以及命學先進相比，實在微不足道而倍覺慚愧，因此更應該戰戰兢兢，虛心充實，以更好的內容來回饋讀者才對。

本書從籌備、主體架構、下筆、定稿、乃至於完成，耗費了一年多的光陰，主要的希望是以最簡單，淺顯易懂的方法來呈現，讓有緣的讀者在最快的時間內掌握命名的重點，並進一步加以運用，取出好名字給自己、小孩、或親友。

本書洩漏了相當多的天機，尤其是擇取旺日來啟動姓名，使姓名能量倍增，在命學界知道的人並不多，更何況公諸於世，「開運印鑑」對於個人名字的彰顯，「超能寶印」催發行運與偏名的彌補，在本書中均有鉅細靡遺的報告，所以，買到這本書實在是一舉多得的福利。

命名的重點必須依個人（福主）的先天八字為主體，來搭配最好的筆劃格局，於確

定筆劃之後，尋找有助力的用字，是十分簡單的事情，本書都有相當詳盡的說明，運籌帷幄，輕鬆愉快。

有幾位陽宅班的學生問筆者：「這麼輕易地將秘訣寫在書上，會不會有『洩天機』的問題？」其實學術的研究本來就應該開誠布公，這樣才是社會進步的原動力，誠如啟蒙恩師廖昱程先生無私無悔地教導、付出、鼓勵，讓筆者不斷地精進、成長，相較於恩師的廣大心量，筆者小小的一本書，又算什麼？謹此以十二萬分感謝的心，向廖老師致上最崇高的謝忱。

在本書出版之前，另一本拙著《開運秘法大公開》業已問世，書中洩漏了「開運印鑑」的秘密與多種開運的秘訣，請讀者繼續予以支持鼓勵，筆者必定盡最大的力量貢獻所學。

龍琳居士

陳詮龍　謹上

目錄

第一篇

緒論篇

姓名學是近代新興的命理學術之一，以往由於人民受教育的機會並不普及，所以較難有較深一層的研究，一直到近幾年的百家爭鳴，姓名學產生相當大的革命，除了理論與實用體系漸漸完備以外，一般人的接受度也相對提高，甚至有超過百分之七十以上的人在小寶貝誕生後，會委託專業的命理師提供命名服務，這種「術業有專攻」的觀念，在工商發達的現在，表現得淋漓盡致。

姓名學所講的「靈動力」用比較淺顯的形容詞來表達，就是所謂的『能量』，而這個能量對個人的氣場產生作用力，主要來自於以下的途徑：

㈠**他人的呼喚**：由於姓名是個人的代表，當別人叫了自己的名字以後，更和自己產生相應，久而久之，這個能量便漸漸地累積，所以偏名、小名、乳名、藝名、綽號都是不可輕忽的，因為這些都是自己的代名詞。

㈡**簽名**：在法律上，簽名的行為是契約生效的要件之一，當然這裏所說的簽名還包括各種表格的填寫與各種證件、書類的記載。

㈢**印章**：民法第三條明文：「……其以印章代替簽名者，與簽名發生同一效力。」所以不管在習慣或法律上，印章都是個人的代表，特有的印鑑制度使得開運印鑑成為一項重要的開運利器。

㈣**超能寶印**：這是一項特殊的專有名詞，是筆者的專利商標，由於法門相當特殊，對運程的提升效果超過開運印鑑好幾倍，在後面的開運篇有詳盡的命紹。

㈤**名片**：名片是自我推銷一項重要的工具，除了表彰自己的名字以外，還有公司名，由於物物一太極，所以名片也有方位的強弱，若是懂得好好運用的話，對於名字的能量有相當的幫助，讀者若想自行製作開運名片的話，拙著《怎樣製作開運名片》由知青頻道出版，是命學界第一本開運名片的著作。

姓名學的兩個重要的理論：一是『數理格局』，另一個是『用字』，這兩者好比車輪一般，缺一不可，只偏重其中一種，要取出能量高的旺名相當不容易，而且不管筆劃或用字，都要以個人的『八字』做為基礎，來取名字才能面面俱到，而不犯以偏概全的問題或有過於粗糙的毛病了。

第二篇

筆劃篇

第一章　正確筆劃的認定準則

從小在學習中文的過程中，字典是必備的工具，在字典的編排上，筆劃數與注音是兩個不同的方向，但目標一致，在姓名學來講，計算筆劃數和字典的查閱有些許的差異，主要在於某些特殊的部首必須以「原字」來計算，也就是正確的筆劃數應該以『康熙字典』所記載為標準才對，幸好有差異的部首並不多，只有左列幾個，所以並不困難，當某些用字的筆劃數模擬兩可的時候，翻閱康熙字典是唯一的解答。

	部首	一般字典筆劃數	康熙字典筆劃數	部首原字	差異數
1	氵	三畫	四畫	水	加1
2	扌	三畫	四畫	手	加1
3	忄	三畫	四畫	心	加1
4	阝(左)	三畫	八畫	阜	加5
5	阝(右)	三畫	七畫	邑	加4

6	王	四畫	五畫	玉	加1
7	礻	四畫	五畫	示	加1
8	月	四畫	六畫	肉	加2
9	艹	四畫	六畫	艸	加2
10	罓	四畫	六畫	网	加2
11	辶	四畫	七畫	辵	加3
12	四	五畫	六畫	网	加1
13	母	五畫	四畫	毋	減1
14	衤	五畫	六畫	衣	加1

第二章　數理五格形成說明

我們知道命名的兩大重點，一是「筆劃」、一是「用字」，用字形於外，而筆劃蘊於內，雖然號稱筆劃，其實真正的重點是「數理五格」，筆劃只是形成過程的基礎，只不過基於簡單明瞭，仍然這樣稱呼。

數理五格是「天格」、「人格」、「地格」、「外格」、「總格」的合稱，至於如何形成，應該先了解姓名的種類，不外以下四種：

㈠**單姓單名**——姓氏一個字，名字也是一個字，例如：葉正。

㈡**單姓複名**——姓氏一個字，名字兩個字，例如：蘇志遠。

㈢**複姓單名**——姓氏兩個字，名字一個字，例如：歐陽清。

㈣**複姓複名**——姓氏兩個字，名字兩個字，例如：長孫宏德。

前述的四種姓名各以不同的方式呈現前述的數理五格，請看以下的圖解，便可完全掌握

單姓單名的五格形成

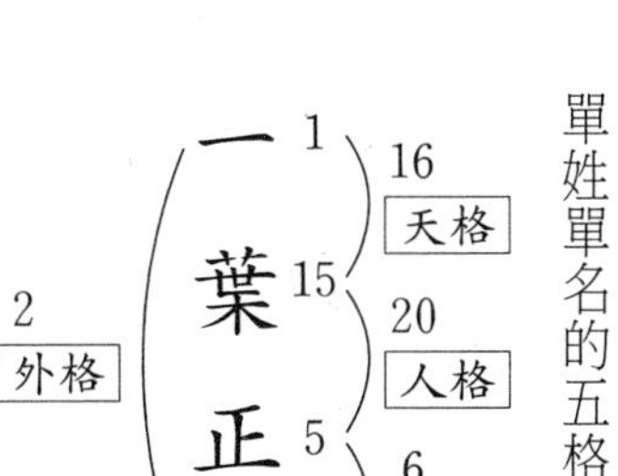

天格：姓氏筆劃加1

人格：姓氏與名字筆劃相加

地格：名字數加1

外格：永遠為2

總格：姓氏與名字筆劃相加

單姓複名的五格形成

字	筆劃
一	1
蘇	22
志	7
遠	17

23 天格

29 人格

24 地格

18 外格

46 總格

天格：姓氏筆劃加1

人格：姓氏與名一筆劃相加

地格：名一與名二筆劃相加

外格：名二筆劃加1

總格：姓氏與名一、名二筆劃相加

複姓單名的五格形成

歐 15
陽 17
清 12
一 1

32 天格
29 人格
13 地格
16 外格
44 總格

天格：姓氏兩字筆劃相加
人格：姓二與名一筆劃相加
地格：名一與名二筆劃相加
外格：姓一與名二筆劃相加
總格：姓氏與名一筆劃相加

複姓複名的五格形成

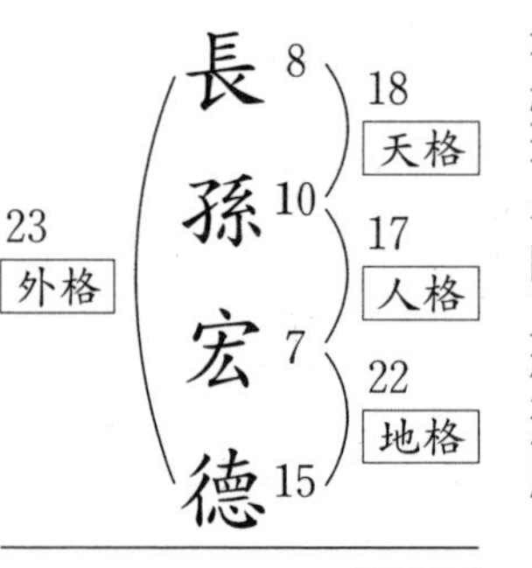

天格：姓氏兩字筆劃相加
人格：姓二與名一筆劃相加
地格：名一與名二筆劃相加
外格：姓一與名二筆劃相加
總格：姓氏兩字與名字兩字筆劃相加

第三章　五格本身之五行

前面所介紹的數理五格本身的五行辨識非常容易，只看數理本身的個位數就可以了，而且只要依照木→火→土→金→水，一路順生的次序便可，可以說看一次就懂，重點如左：

(一)數理個位數是1、2五行全部屬「木」。

(二)數理個位數是3、4五行全部屬「火」。

(三)數理個位數是5、6五行全部屬「土」。

(四)數理個位數是7、8五行全部屬「金」。

(五)數理個位數是9、0五行全部屬「水」。

前面所談的數理五行，在理論上還有陰、陽的分別，一般而言，單數為陽（1、3、5、7、9）雙數為陰（2、4、6、8、0），大約了解一下就好，不用刻意分判。

第四章　五格數理靈動八十一數內涵分析

數理的判斷依據有兩大內容，一是「五行」，一是「靈動力」，靈動力共有八十一個，在以往的看法幾乎是一生的重要軌跡，但由於姓名學的力量無法超越四柱八字，所以不能一概而論，這也是命理格言「相不獨論」的真諦，另外這八十一個數理有「吉」、「凶」的分別，顯得過於偏頗，應該用「強數」與「弱數」來分，較為實際與中肯，除此之外，以往還有數理限制了性別的使用，也不夠準驗，實在不可拘泥才是真訣。

一數（強）五行屬木《元亨利貞》

為大吉數，有名望，榮華富貴，健全完美，一般僅公司名可得此數而已。

二數（弱）五行屬木《力弱無援》

孤立無援，易到處碰壁，常因表達錯誤而得罪他人，乃無心之失，八字食傷暗傷者尤驗。

三數（強）五行屬火《貴人多助》

富領導才能，得人歡欣，熱心熱情，廣結善緣，容易得貴人相助。

四數（弱）五行屬火《性格火躁》

脾氣較大，直來直往，須注意改善此項缺失，才不會動輒得咎，為人處事較為圓融。

五數（強）五行屬土《忠厚信實》

忠厚老實，信守承諾，表達能力再加強，便相當完美，注意時間觀念，並增進積極進取之心態，較易成功。

六數（強）五行屬土《安穩固執》

擇善固執，以安穩為主，不做冒險事，因此不容易失敗，但果斷力稍嫌不足，容易喪失成功之先機，也是一項缺點。

七數（強）五行屬金《精悍不屈》

絕不服輸，絕不低頭，表達能力強，個性果決，敢向登峰造極挑戰，若八字傷官剋官過重者，則須保守些，以免變成桀驁不馴。

八數（強）五行屬金《先穩再攻》

運用智慧，穩如泰山，先守再攻，口才佳，具備充足的成功條件，若能在八字用神行運時，好好衝刺，則成就更大。

九數（弱）五行屬水《鑽營情厄》

有小聰明，能見風轉舵，各處取得商機，但欠缺守財的能力，應注意感情處理方式，才不會為了感情問題先敗，尤其八字財多身弱者更應提防這方面的問題。

十數（弱）五行屬水《辛酸失意》

失意時多，得意時少，多辛勞酸楚，但八字行運順遂者不容易應驗。

十一數（強）五行屬木《仁慈轉運》

心腸仁慈，有道德良心，能得好人緣與好名聲，累積資糧，即使稍有挫折，也能東山再起，在八字用神行運時為收穫時期。

十二數（弱）五行屬木《好大喜功》

希求過多，不易知足，不自量力，好大喜功，不願腳踏實地，故失人和，八字財多身弱者更應小心。

十三數（強）五行屬火《智略好義》

足智多謀，熱心助人，心直口快，得理不饒人，若能圓融些，較不易得罪他人，異性緣佳，對八字缺異性緣者略有助益。

十四數（弱）五行屬火《火旺損身》

脾氣大，難以克制，容易虛火過旺而身體欠安，須防喪失理智而惹來是非，八字食傷被合住時為應驗之時。

十五數（強）五行屬土《忠厚多福》

心性豁達，沈著穩健，一諾千金，忠實厚道，積極度再加強些更佳。

十六數（強）五行屬土《信實有責》

有責任心，信實可靠，有領導能力及好口才，自信心強，為人正直，但容易有得理不饒人的問題。

十七數（強）五行屬金《固執強悍》

個性固執，口才佳，但變通性不足，堅持己見，自以為是，但財運不錯，可接受挑戰，八字身強財旺者尤為明顯。

十八數（強）五行屬金《成功在望》

自尊心與自信心皆強，能賺能守，若他格之五行再來生助，則格局更高，八行用神夠多時，則收穫尤豐。

十九數（弱）五行屬水《多才多難》

具藝術天分，個性不屈不撓，但貴人較少，欠缺提攜，較難守財，身體應注意腎、膀胱、泌尿系統之疾。

二十數（弱）五行屬水《推諉失助》

久缺膽識，執著面子，過度保護自己且不願認錯，身體須注意氣血及腎機能之問題，八字命局五行之水暗傷尤為明顯。

二十一數（強）五行屬木《仁心領袖》

有領導能力，心腸慈悲，可得貴人提拔，建立一番事業，於八字大運流年行用神運時，尤為順心。

二十二數（弱）五行屬《謹慎無失》

如秋草一般，外境無助，惟有自立自強，幸有小聰明，但想法有欠周延為其不足之處，切莫親近惡友，以其聰明才智幫助惡人，而害人害己，八字命局比肩劫財被合去之人更應注意。

二十三數（強）五行屬火《旭日火旺》

魄力十足，領導能力佳，但火氣較大，個性較急，容易有沈不住氣的問題，須善加克制，八字命局火炎土躁者更應自我警惕。

二十四數（強）五行屬火《完美主義》

勤儉刻苦，謹慎行事，凡事要求完美，一絲不苟，具備成功特質，但易造成對他人苛求太過之情形，宜善加調和。

二十五數（強）五行屬土《貌美聰穎》

資質聰穎，口才佳，大多具有美麗的外貌，但心直口快，又恃才傲物，易得罪他人，身體應注意胃腸、筋骨之疾。

二十六數（強弱參半）五行屬土《多才變怪》

聰明多才，若他格配合不佳，則造成有才無任之情形，導致起伏過大，變怪運程之境，八字流年氣機不通之時為其應期。

二十七數（弱）五行屬金《注意桃花》

自以為是，剛愎自用，過度注重異性，男女均易有此現象，若是五行調和，可減少缺點，男性八字財多身弱，女性官煞攻身者尤驗。

二十八數（弱）五行屬金《多智難守》

異性緣佳，頭腦靈巧，常有偏財運，但不易守住，八字命局財星過多，且命局旺度不足者尤為明顯。

二十九數（強）五行屬水《精益求精》

慾求重，凡事要求完美，心性多疑，造成庸人自擾，他格若能生助，則可調和無缺，八字行運若佳者，可得大成就。

三十數（半強半弱）五行屬水《大成大敗》

想法特異，易固持己見而失人和，異性緣重，叛逆心強，須注意腎臟、膀胱、泌尿系統所引起的疾病問題。

三十一數（強）五行屬木《強星襄助》

此數不易有災，大多可逢凶化吉，頭腦靈活，有好主意，具仁慈道德之本質，極有機會成就一番功業，八字用神行運夠長時，成就尤大。

三十二數（強）五行屬木《幸運加臨》

幸運加臨，凶災遠離，富道德良心，有路見不平，拔刀相助的特性，異性緣佳，可望有所成就。

三十三數（強）五行屬火《光輝多權》

權威領袖，名利雙俱，不懼艱難險阻，惟應留心因脾氣過大致失人和之情形，八字命局官印為用神之人，成就尤大。

三十四數（弱）五行屬火《非運徒勞》

事業雖易小有所成，但較難守住，親緣、子女難靠，八字用神行忌神運時更加明顯。

三十五數（強）五行屬土《溫良平安》

溫和平安，可自立自成而興家業，若能培養領導統御的能力，配合先天之聰明才智，成功將在八字大運流年順境之時。

三十六數（弱）五行屬土《大才小業》

愛出風頭，能力強，但難遇貴人，有才無財，小業尚可，過大易敗，須注意胃腸健康。

三十七數（強）五行屬金《多才有權》

多才多藝，並具權威，受人景仰，可以克服困難，若能多培養自己能力，加上八字行用神運時，為成就之時。

三十八數（半強半弱）五行屬金《薄志無果》

具才藝，擁有多項技能，惟缺點為不重結果，有始無終，意志不堅，容易造成不易開運之問題。

三十九數（強）五行屬水《先勞後貴》

領導能力強，可以享受奮鬥成果，若是能多積德行善，則更有成就。

四十數（弱）五行屬水《爭敗退安》

強爭無益，退之反成，富謀略，逞強出頭不利，應收斂冒險之天性，方得安康，若八字行運不佳時，仍逆向操作，難免失敗。

四十一數（強）五行屬木《有德有能》

富仁慈道德良心，宜多精進修行，可望有一番成就。

四十二數（半強半弱）五行屬木《多能難精》

多學多能，多才多藝，但容易造成無法專精的問題，猶如多頭馬車一事無成之境。

四十三數（弱）五行屬火《虛浮失財》

好大喜功，不知從根做起，易虛浮門面，以致錢財難守，而陷孤苦失敗，逢八字忌神行運時，為應驗之時。

四十四數（弱）五行屬火《悲觀自困》

易悲觀，愁眉難展，常往壞處想，致困難重重，成功極難，故培養樂觀積極向上之心態為最佳良方，八字官煞攻身者尤驗。

四十五數（強）五行屬火《順利安逸》

衝勁不足，另貴人多助，造成依賴，須多歷練，彌補不足，八字印星為忌神者尤驗。

四十六數（弱）五行屬土《懷才不遇》

有才能卻無處施展，難有成就，須多積德行善，並注意養生之道，保養身體尚可平安少惱。

四十七數（強）五行屬金《相信包容》

具凡事包容、凡事相信之美德，突破萬難，事業亨通，老而彌佳，但須防小人算計

而損失，逢八字財星受損之大運，及水位零正顛倒之陽宅流年為其應期。

四十八數（強）五行屬金《楷模之數》

具為人師表之本質，八字用神為木之人尤為明顯，有頭腦、智慧高，故得人尊重，有勸化他人之特長，易享成功之果實。

四十九數（半強半弱）五行屬水《前後矛盾》

前後矛盾，無確立之方針，猶如牆頭草，須他格生助有力方佳，他格差，則順其弱；他格若強，且五行得宜，則本數亦佳。

五十數（弱）五行屬水《曇花一現》

凡事靠自己，他人助力微弱，若他格尚能提升，則尚不算差，若他格不佳，則成功較難，除非八字流年一路順境，方能減此剋應！

五十一數（弱）五行屬木《浮沈不定》

個性浮沈不定，難以守成，須加強子女教育方佳，男八字官星，女八字食傷受剋者，更易被子女影響運程。

五十二數（強）五行屬木《洞燭機先》

洞燭機先，有自信，有頭腦，掌握契機，運用精明之才幹，必得有成。

五十三數（半強半弱）《外強中乾》

外強中乾，常打腫臉充胖子，因此易失卻助力，八字財星暗傷者尤為明顯。

五十四數（弱）五行屬火《內外無常》

貴人少，家庭困擾多，外交困頓，而常覺得不順心，須多積德行善方可化解此項剋應。

五十五數（半強半弱）五行屬土《物極必反》

物極必反，盛極易衰，須時時謹慎，步步為營，以免失敗，且增加意志力為其第一要務，方有成功之契機。

五十六數（弱）五行屬土《保守無能》

易有憂柔寡斷，遇事猶豫之個性，若受旁門左道所誘，終將一事無成，八字命局日主或用神被合住者，尤應小心。

五十七數（強）五行屬金《不屈不撓》

行事當機立斷，果敢堅忍，事業可得開展，若能運用機智於正途，於八字用神行運

之際，是為成功之時。

五十八數（半強半弱）五行屬金《先苦後樂》

先苦後樂，若能發揮堅定毅力，終有扭轉乾坤之時，但若意志消沈，則無成就可言，若能多積德行善，則不順時期可得縮短。

五十九數（弱）五行屬水《半途而廢》

易有耐心不足，無法堅持理想之情形，往往半途而廢，難耐考驗，八字日主受忌神合住者，尤為明顯。

六十數（弱）五行屬水《無勇無謀》

智慧較難發揮，毅力不足，常受困難所礙，凡事需冷靜，可得較圓滿之結果。

六十一數（強）五行屬木《滿損謙益》

擁有名利之時，切莫驕傲，才不會貴人遠離，喪失助力，須為收斂，方保其所成。

六十二數（弱）五行屬木《信用薄弱》

常有失信於人之情形，而難得貴人提攜與朋友相助，致孤立無援，宜加強誠信，較能成就機會。

六十三數（強）五行屬火《賢能力德》

賢能力德，富能仁濟世之心，是故貴人多助，事業順心，若再多積德行善，更能成就事業，並得人尊重。

六十四數（弱）五行屬火《剛愎自用》

剛愎自用，難納建言，貴人難現，因我行我素而致家內不和，事業多變動，實在可惜，八字命局傷官剋官者尤為明顯。

六十五數（強）五行屬土《圓融人和》

事事圓滿，稱心如意者多，性格圓融，廣結善緣，得人和，故在八行運順境之際，收穫更多。

六十六數（弱）五行屬土《進退失據》

易受小人陷害，又欠正性助力，連帶影響家庭和樂，而抑鬱難展，八氣機不通者尤驗。

六十七數（強）五行屬金《自力興家》

多學多能，才華得以展現，成就功業，獨立打拼，雖乏人提拔，仍能有所成就。

六十八數（強）五行屬金《創造發明》

思慮縝密，精打細算，看法獨到，具有創造之特質，可於八字行用神大運之際，成就一番功業。

六十九數（弱）五行屬水《阻礙難安》

阻礙重重，或因事業、或因健康、或因處世方式不佳所致，常有時不我予之嘆，難能突破。

七十數（弱）五行屬水《慘澹經營》

易陷入貧困之境，朋友失和，紛爭不斷，身體之傷害亦大，於八字流年官煞剋日主之時，尤應小心。

七十一數（半強半弱）五行屬木《耽於安逸》

可得幸福安泰，惟耽於安逸，缺乏開拓之精神，故須加強積極進取之實行力，放棄享受，較有成功之契機。

七十二數（半強半弱）五行屬木《逸中藏憂》

幸福短暫，安逸不常，雖內心憂愁，仍無勤奮開展之作為，須積極進取，方免坐吃山空，而陷困頓。

七十三數（強）五行屬火《志高才拙》

理想高但實行之力較弱，易淪為空談，幸易得遇貴人相助，而有收穫，惟才能須加強，不然成就有限。

七十四數（弱）五行屬火《沈溺小成》

缺乏上進心及危機意識，應變能力較差，安於小成，八字行運不錯時無妨，若行忌神運時，易有資源耗盡，致窮途莫展之問題。

七十五數（半強半弱）五行屬土《保守得安》

思維不足，往往急於進行而致中途失敗，須按部就班，於八字行運不錯之時，可好好衝刺，但仍應仔細判斷，可保吉祥有成。

七十六數（弱）五行屬土《反求諸己》

守成之能力不足，內心不平不滿，怨天尤人，應反求諸己，加上多積德行善，方為正本清源之道。

七十七數（半強半弱）五行屬金《樂苦各半》

半生吉，半生辛苦，若吉在前，應多積德，若辛勞在前，則繼續努力，終將有成，此觀八字行運即可一窺端倪。

七十八數（半強半弱）五行屬金《中發晚困》

年輕為努力發展之時，晚年須守成，有才有能，得享所成，惟應多積德行善，以化解將來之逆境，可享平安。

七十九畫（弱）五行屬水《傲慢無信》

個性傲慢，易失信用，故常受批評責難，應多反省，以免貴人、朋友遠離，落入進退失據之窘境。

八十畫（弱）五行屬水《強求發達》

慾求過多，貪求過大，常因條件不足而功虧一簣，須守成小為，切莫好大喜功，尚可平順。

八十一劃（強）五行屬木《還本歸元》

其靈動力與一數相同，凡逾八十之數均減去八十，即得該數之靈動，例如八十二數即與二數相同；八十三數即與三數相同，以下依此類推。

第二篇

用字篇

第一章　八字排法

八字是個人的代表，由個人的八字，可以了解個性、六親，以及未來的行運，也就是所謂「大運」與「流年」，當您知道未來的趨勢時，才能夠知命掌運，不僅可以看準時機，更能急流勇退，將自己立於不敗之地，這也是筆者呼籲要擁有一份個人八字批命單的重要原因。

八字的排法其實非常簡單，但必須先準備萬年曆，或出生年的農民曆，便可以完成對照的工作，而八字的成分確實是八個字，而這八個字是由出生的「年」、「月」、「日」、「時」所組成，而這四大要素各掌管兩個字，也就是所謂的「年柱」、「月柱」、「日柱」、「時柱」，所以又稱之為『四柱八字』。

一、年柱的排法

年柱是整個四柱之中最容易找到的資訊，只要出生年不是在農曆一月以及十二月，

便沒有認定上的困擾，若是生在這兩個月份，就要找出兩個年份交「立春」的時間，因為八字主要看『得氣於何時』，若生在立春之前，即使陰曆已經是一月，仍然算前一年的年柱。

例如：生於民國九十年農曆一月十一日，表面上來看似乎年柱是九十年的「辛巳」，但是辛巳年交立春是在九十年農曆一月十二日的丑時，所以得氣應該屬於前一年的年柱「庚辰」才對。

若是生在立春之後，即使陰曆仍然是十二月，也算是新的一年的年柱。

例如：生於民國九十年農曆十二月二十四日，表面上似乎還在九十年，但是因為在十二月二十三日就已經交立春了，所以得氣應該算是九十一年的年柱「壬午」才對。

二、月柱的排法

前面在年柱的排法有提到「得氣」觀念，月柱也同樣承襲過來，所以每月的分界並不是陰曆的1日，而是二十四節氣其中的十二個，簡單來講：

寅日（1月）從交「立春」的時間點開始。

卯日（2月）從交「驚蟄」的時間點開始。
辰日（3月）從交「清明」的時間點開始。
巳日（4月）從交「立夏」的時間點開始。
午日（5月）從交「芒種」的時間點開始。
未日（6月）從交「小暑」的時間點開始。
申日（7月）從交「立秋」的時間點開始。
酉日（8月）從交「白露」的時間點開始。
戌日（9月）從交「寒露」的時間點開始。
亥日（10月）從交「立冬」的時間點開始。
子日（11月）從交「大雪」的時間點開始。
丑日（12月）從交「小寒」的時間點開始。

而決定月柱的關鍵也在「得氣」的前後。

例如：民國九十年農曆七月二十一日，看起來好像是七月的月令，實際上因為七月二十日已經交「白露」了，所以應該是八月（酉月）的月柱干支才對。

例如：民國九十年農曆的四月十二日，看起來好像已經四月的月令，但必須等到四月十三日才交立夏，所以應該是三月（辰月）的月柱干支才對。

三、日柱的排法

四柱之中，以日柱的確認最簡單，也就是出生當天的干支，比較有爭議的是夜晚十一點到零點之間的看法有以下二種論點：

(1)第一種看法認為子時從晚上十一點開始，所以應該算是隔天的干支，與日曆的看法不同。

(2)第二種看法認為每天的分界點就是晚上的零點，所以應該算是前一天所屬的干支，這個看法與太陽曆完全一樣。

經由印證的結果，以第二種較為正確，主要的理由無他，還是『得氣』的觀念。

四、時柱的排法

時柱是以個人出生的時辰為地支，而一天總共二十四小時，也共有十二時辰，換句話說，每兩個小時等於一時辰，想必絕大多數的人都知道，比較明顯的差異在於日柱有「早子時」與「夜子時」的分別，但對照現在的時制也相當明確。

早子時：凌晨0點到1點

丑時：凌晨1點到3點

寅時：凌晨3點到5點

卯時：凌晨5點到7點

卯時：早上7點到9點

巳時：早上9點到11點

午時：中午11點到1點

未時：下午1點到3點

申時：下午3點到5點

酉時：下午5點到7點

申時：晚上7點到9點

亥時：晚上9點到11點

夜子時：晚上11點到12點

經由前面的說明，時柱的地支已經相當明確，但天干的取得就要下點工夫，不過也非常簡單，只要運用『五鼠遁時訣』，或『日上起時法』就可以了，但是口訣仍然有點

難度，所以筆者改用更白話的方式來表達，請先對照日柱的天干（日干）。

日干是甲：子時的時干從甲開始，丑時是乙，寅時是丙……

日干是乙：子時的時干從丙開始，丑時是丁，寅時是戊……

日干是丙：子時的時干從戊開始，丑時是己，寅時是庚……

日干是丁：子時的時干從庚開始，丑時是辛，寅時是壬……

日干是戊：子時的時干從壬開始，丑時是癸，寅時是甲……

日干是己，起法和甲一樣。

日干是庚，起法和乙一樣。

日干是辛，起法和丙一樣。

日干是壬，起法和丁一樣。

日干是癸，起法和戊一樣。

前面所談的就是日上起時法，若是還有困難，請對照左邊的表解，就可以一目了然。

癸日	壬日	辛日	庚日	己日	戊日	丁日	丙日	乙日	甲日	日干 時柱 時辰
壬子	庚子	戊子	丙子	甲子	壬子	庚子	戊子	丙子	甲子	早子時 0～1時
癸丑	辛丑	己丑	丁丑	乙丑	癸丑	辛丑	己丑	丁丑	乙丑	丑時 1～3時
甲寅	壬寅	庚寅	戊寅	丙寅	甲寅	壬寅	庚寅	戊寅	丙寅	寅時 3～5時
乙卯	癸卯	辛卯	己卯	丁卯	乙卯	癸卯	辛卯	己卯	丁卯	卯時 5～7時
丙辰	甲辰	壬辰	庚辰	戊辰	丙辰	甲辰	壬辰	庚辰	戊辰	辰時 7～9時
丁巳	乙巳	癸巳	辛巳	己巳	丁巳	乙巳	癸巳	辛巳	己巳	巳時 9～11時
戊午	丙午	甲午	壬午	庚午	戊午	丙午	甲午	壬午	庚午	午時 11～13時
己未	丁未	乙未	癸未	辛未	己未	丁未	乙未	癸未	辛未	未時 13～15時
庚申	戊申	丙申	甲申	壬申	庚申	戊申	丙申	甲申	壬申	申時 15～17時
辛酉	己酉	丁酉	乙酉	癸酉	辛酉	己酉	丁酉	乙酉	癸酉	酉時 17～19時
壬戌	庚戌	戊戌	丙戌	甲戌	壬戌	庚戌	戊戌	丙戌	甲戌	戌時 19～21時
癸亥	辛亥	己亥	丁亥	乙亥	癸亥	辛亥	己亥	丁亥	乙亥	亥時 21～23時
甲子	壬子	庚子	戊子	丙子	甲子	壬子	庚子	戊子	丙子	晚子時 23～0時

經過前面的說明，相信讀者已經對四柱的排法有相當的認識，現在再舉兩個例子，請讀者對照萬年曆，再配合筆者的說明，加深印象。

例㈠：民國90年農曆12月24日23時35分

答案：

年柱：「壬午」↓在90年12月23日已經交立春，所以不是「辛巳」。

月柱：「壬寅」↓已經交立春了，所以是寅月，而不是「辛丑」。

日柱：「甲辰」↓23時是當天的晚子時，所以不是隔天的「乙巳」。

時柱：「丙子」↓晚子時，對照甲日的日柱，即有答案。

例㈡：民國92年農曆1月3日13時25分

答案：

年柱：「壬午」↓必須到92年1月4日才交春，所以不是「癸未」。

月柱：「癸丑」↓還沒交立春，所以是前一年的月柱，不是「甲寅」。

日柱：「丁未」↓對照日干，相當容易。

時柱：「丁未」↓13時25分是未時，對照丁日的日柱，便有答案。

第二章　選字用字秘訣

要取一個能量高，對當事人助力較大的名字，必須以個人八字為基礎來搭配，主要的原因是一大天機，筆者在此洩漏——『因為先天八字是個人的構成要素，就好像化學所談的分子結構，論斷八字就依照這個分子結構來解開秘密，而姓名學本身也是一個方程式，對個人的分子結構將會產生一定程度的作用力，因此，名字的助力要大，非要從八字著手不可』，幸好姓名學比八字要簡單得多，不用學習解秘的功夫，只要會排八字，就可以運籌帷幄，輕鬆愉快，要取一個好名字，只要依循以下幾個章節所談到的原則，十分容易。

第三章　年柱配字法

「年柱」在筆劃的選局配局上，有著舉足輕重的地位，在用字的掌握上也不能忽視，在起出個人八字之後，要依照以下的原則加以運用。

天干部分

某些用字有特殊的五行，這個時候，便要注意這個字的五行不要剋到天干，仔細來說，就是下面所談的原則。

⑴年柱天干是「甲」、「乙」——避免用『金』的部首，但是地支若是「子」、「丑」、「巳」、「亥」，仍然可用。

⑵年柱天干是「丙」、「丁」——避免用『水』的部首，但是地支若是「子」、「寅」、「辰」、「申」、「亥」，仍然可用。

⑶年柱天干是「戊」、「己」——避免用『木』的部首，但是地支若是「寅」、

「卯」、「巳」、「午」、「未」、「申」、「亥」，仍然可用。

(4)年柱天干是「庚」、「辛」——避免用『火』的部首，但是地支若是「寅」、「巳」、「午」、「未」、「戌」，仍然可用。

(5)年柱天干是「壬」、「癸」——避免用『土』的部首，但是地支若是「丑」、「未」、「申」、「酉」、「戌」，仍然可用。

前面所談的是天干必須注意的部分，在地支來講，有喜用與忌用的偏旁或部首，由於篇幅不小，所以分別敘述。

第一節　年柱的地支是「子」（鼠）的配字法則

年柱的地支是「子」，選擇以下的偏旁或部首，可以得到較強的正性提升力量：

「金」、「水」、「北」、「子」、「丑」、「辰」、「申」、「亥」、「一」、「亠」、「冖」、「冫」、「刀」、「匕」、「厂」、「厶」、「口」、「囗」、「夕」、「大」、「寸」、「尸」、「干」、「幺」、「广」、「彡」、「宀」、「巾」、「心」、「戈」、「戶」、「斤」、「方」、「月」、「爿」、「片」、

「牛」、「玉」、「瓜」、「生」、「田」、「白」、「皿」、「矛」、「癶」、「示」、「禾」、「穴」、「衣」、「米」、「糸」、「肉」、「艸」、「羽」、「谷」、「豕」、「貝」、「車」、「采」、「長」、「門」、「青」、「頁」、「首」、「魚」、「鹿」、「麥」、「黑」、「鼎」、「龍」

以下是比較不好的偏旁或部首，是屬於負性的下降能量，應該儘量避免使用：

「木」、「土」、「東」、「西」、「南」、「寅」、「卯」、「巳」、「午」、「未」、「酉」、「戌」、「乙」、「八」、「几」、「力」、「又」、「二」、「士」、「小」、「山」、「工」、「己」、「廴」、「弓」、「彳」、「手」、「犬」、「戶」、「丈」、「日」、「木」、「毛」、「辶」、「立」、「网」、「羊」、「虍」、「臣」、「艮」、「虫」、「見」、「角」、「言」、「豸」、「赤」、「足」、「邑」、「阜」、「隹」、「非」、「風」、「飛」、「馬」、「鳥」、「黃」

第二節　年柱的地支是「丑」（牛）的配字法則

年柱的地支是「丑」，選擇以下的偏旁或部首，可以得到較強的正性提升力量：

「土」、「金」、「水」、「西」、「北」、「子」、「巳」、「酉」、「亥」、「一」、「乙」、「八」、「冖」、「冫」、「几」、「厂」、「厶」、「口」、「士」、「夕」、「寸」、「小」、「尸」、「己」、「广」、「廴」、「弓」、「宀」、「戶」、「方」、「毛」、「辶」、「瓜」、「生」、「田」、「皿」、「癶」、「禾」、「穴」、「竹」、「米」、「聿」、「臣」、「艸」、「羽」、「虫」、「角」、「谷」、「豆」、「豕」、「車」、「門」、「隹」、「非」、「鳥」、「麥」、「黑」。

以下是比較不好的偏旁或部首，是屬於負性的下降能量，應該儘量避免使用：

「木」、「火」、「東」、「南」、「丑」、「寅」、「卯」、「辰」、「午」、「未」、「申」、「戌」、「亠」、「刀」、「匕」、「又」、「人」、「口」、

「山」、「工」、「干」、「幺」、「彡」、「彳」、「彳」、「巾」、「心」、「手」、「犬」、「戈」、「文」、「斤」、「日」、「爿」、「片」、「牛」、「玉」、「石」、「白」、「矛」、「示」、「立」、「衣」、「糸」、「网」、「羊」、「虍」、「耳」、「肉」、「艮」、「見」、「言」、「豸」、「貝」、「赤」、「采」、「長」、「雨」、「青」、「頁」、「首」、「馬」、「魚」、「鹿」、「鼎」、「龍」。

第三節　年柱的地支是「寅」（虎）的配字法則

年柱的地支是「寅」，選擇以下的偏旁或部首，可以得到較強的正性提升力量：

「火」、「木」、「水」、「東」、「南」、「北」、「子」、「卯」、「午」、「戌」、「亥」、「亠」、「八」、「冫」、「力」、「匕」、「夕」、「大」、「寸」、「山」、「干」、「幺」、「彡」、「巾」、「心」、「犬」、「戈」、「斤」、「方」、「月」、「爿」、「片」、「牛」、「玉」、「皿」、「矛」、「癶」、「穴」、「衣」、「糸」、「羊」、「肉」、「艮」、「豕」、「赤」、

「采」、「雨」、「青」、「風」、「首」、「馬」、「黑」。

以下是比較不好的偏旁或部首，是屬於負性的下降能量，應該儘量避免使用：

「土」、「金」、「西」、「北」、「丑」、「寅」、「辰」、「巳」、「未」、「申」、「酉」、「戌」、「一」、「乙」、「冖」、「几」、「刀」、「厂」、「又」、「人」、「口」、「囗」、「士」、「小」、「尸」、「工」、「己」、「广」、「廴」、「弓」、「彳」、「宀」、「手」、「文」、「日」、「毛」、「辶」、「瓜」、「生」、「田」、「石」、「白」、「示」、「禾」、「立」、「竹」、「米」、「网」、「虍」、「耳」、「聿」、「臣」、「艸」、「虫」、「見」、「角」、「言」、「谷」、「豆」、「貝」、「足」、「車」、「邑」、「門」、「阜」、「隹」、「非」、「頁」、「飛」、「魚」、「鳥」、「鹿」、「麥」、「黃」、「鼎」、「龍」。

第四節　年柱的地支是「卯」（兔）的配字法則

年柱的地支是「卯」，選擇以下的偏旁或部首，可以得到較強的正性提升力量：「木」、「水」、「東」、「北」、「子」、「寅」、「未」、「亥」、「一」、「冖」、「冫」、「厂」、「厶」、「口」、「囗」、「士」、「夕」、「寸」、「小」、「尸」、「山」、「幺」、「广」、「彡」、「宀」、「巾」、「戶」、「方」、「月」、「瓜」、「生」、「田」、「皿」、「癶」、「示」、「禾」、「穴」、「衣」、「竹」、「米」、「糸」、「羊」、「虍」、「聿」、「臣」、「艮」、「艸」、「谷」、「豆」、「豕」、「豸」、「采」、「門」、「雨」、「青」、「麥」、「黑」。

以下是比較不好的偏旁或部首，是屬於負性的下降能量，應該儘量避免使用：「火」、「土」、「金」、「西」、「南」、「丑」、「卯」、「辰」、「巳」、「午」、「申」、「酉」、「乙」、「亠」、「八」、「几」、「刀」、「力」、

「匕」、「又」、「人」、「大」、「工」、「己」、「干」、「廴」、「弓」、「彳」、「心」、「手」、「犬」、「戈」、「文」、「斤」、「日」、「毛」、「爿」、「片」、「牛」、「辶」、「玉」、「白」、「矛」、「立」、「网」、「耳」、「肉」、「羽」、「虫」、「角」、「言」、「貝」、「赤」、「足」、「車」、「邑」、「長」、「阜」、「隹」、「非」、「負」、「風」、「飛」、「首」、「馬」、「魚」、「鳥」、「鹿」、「黃」、「鼎」、「龍」。

第五節　年柱的地支是「辰」（龍）的配字法則

年柱的地支是「辰」，選擇以下的偏旁或部首，可以得到較強的正性提升力量：

「火」、「金」、「水」、「西」、「南」、「北」、「子」、「辰」、「午」、「申」、「酉」、「亠」、「冫」、「力」、「大」、「寸」、「彡」、「巾」、「心」、「日」、「月」、「玉」、「白」、「示」、「衣」、「糸」、「肉」、「羽」、「角」、「赤」、「采」、「長」、「隹」、「雨」、「非」、「飛」、「首」、「馬」、「鳥」、「黑」、「鼎」、「龍」。

以下是比較不好的偏旁或部首，是屬於負性的下降能量，應該儘量避免使用：
「木」、「土」、「東」、「丑」、「寅」、「卯」、「巳」、「未」、「戌」、「亥」、「一」、「乙」、「八」、「冖」、「几」、「刀」、「匕」、「厂」、「厶」、「又」、「人」、「口」、「囗」、「士」、「夕」、「小」、「尸」、「山」、「工」、「己」、「干」、「幺」、「广」、「廴」、「弓」、「彳」、「孔」、「手」、「犬」、「戈」、「戶」、「文」、「斤」、「方」、「毛」、「爿」、「片」、「牛」、「尺」、「瓜」、「生」、「田」、「石」、「皿」、「矛」、「网」、「禾」、「穴」、「立」、「竹」、「米」、「糸」、「网」、「羊」、「虍」、「耳」、「聿」、「臣」、「舟」、「艮」、「艸」、「虫」、「見」、「言」、「谷」、「豆」、「豕」、「豸」、「貝」、「足」、「車」、「邑」、「門」、「阜」、「頁」、「風」、「鹿」、「麥」。

第六節　年柱的地支是「巳」（蛇）的配字法則

年柱的地支是「巳」，選擇以下的偏旁或部首，可以得到較強的正性提升力量：

「木」、「火」、「金」、「東」、「西」、「南」、「丑」、「卯」、「辰」、「午」、「未」、「酉」、「冖」、「厂」、「口」、「囗」、「士」、「夕」、「小」、「尸」、「幺」、「广」、「彡」、「宀」、「巾」、「心」、「戶」、「方」、「月」、「毛」、「牛」、「生」、「田」、「生」、「田」、「石」、「示」、「穴」、「衣」、「竹」、「糸」、「羊」、「肉」、「臣」、「艸」、「羽」、「角」、「言」、「貝」、「赤」、「采」、「長」、「隹」、「青」、「非」、「頁」、「飛」、「馬」、「鳥」、「鹿」、「鼎」、「龍」。

以下是比較不好的偏旁或部首，是屬於負性的下降能量，應該儘量避免使用：

「土」、「水」、「北」、「子」、「寅」、「巳」、「申」、「戌」、「亥」、「一」、「亠」、「八」、「冫」、「几」、「刀」、「力」、「廴」、「匕」、「ㄙ」、「又」、「人」、「工」、「己」、「干」、「弓」、「彳」、「手」、「犬」、「戈」、「文」、「斤」、「日」、「爿」、「片」、「辶」、「玉」、「瓜」、「皿」、「矛」、「禾」、「立」、「米」、「网」、「耳」、「聿」、

「舟」、「虫」、「見」、「谷」、「豆」、「豕」、「豸」、「足」、「車」、「邑」、「門」、「雨」、「風」、「首」、「首」、「魚」、「麥」、「黃」、「黑」。

第七節　年柱的地支是「午」（馬）的配字法則

年柱的地支是「午」，選擇以下的偏旁或部首，可以得到較強的正性提升力量：

「木」、「火」、「東」、「南」、「寅」、「辰」、「巳」、「未」、「戌」、「一」、「乙」、「亠」、「冖」、「几」、「刀」、「力」、「匕」、「厂」、「人」、「士」、「夕」、「大」、「小」、「尸」、「己」、「干」、「幺」、「广」、「廴」、「弓」、「彡」、「宀」、「巾」、「犬」、「戈」、「戶」、「斤」、「方」、「毛」、「爿」、「片」、「辶」、「玉」、「皿」、「矛」、「示」、「禾」、「立」、「衣」、「竹」、「米」、「糸」、「羊」、「虍」、「聿」、「臣」、「艸」、「虫」、「見」、「言」、「豆」、「豸」、「貝」、「赤」、「足」、「采」、「長」、「門」、「青」、「頁」、「風」、「首」、

「鹿」、「麥」、「鼎」、「龍」。

以下是比較不好的偏旁或部首，是屬於負性的下降能量，應該儘量避免使用：

「土」、「金」、「水」、「西」、「北」、「子」、「丑」、「卯」、「申」、「酉」、「亥」、「八」、「冫」、「厶」、「又」、「口」、「囗」、「寸」、「山」、「工」、「彳」、「心」、「文」、「日」、「牛」、「瓜」、「田」、「石」、「白」、「网」、「耳」、「肉」、「舟」、「艮」、「羽」、「角」、「豕」、「車」、「隹」、「雨」、「非」、「飛」、「馬」、「魚」、「鳥」、「黃」、「黑」。

第八節　年柱的地支是「未」（羊）的配字法則

年柱的地支是「未」，選擇以下的偏旁或部首，可以得到較強的正性提升力量：

「木」、「火」、「土」、「東」、「南」、「卯」、「巳」、「午」、「亥」、「一」、「乙」、「八」、「冖」、「几」、「厂」、「厶」、「口」、「士」、

「夕」、「小」、「尸」、「山」、「己」、「广」、「廴」、「弓」、「宀」、「戶」、「方」、「月」、「毛」、「辶」、「瓜」、「田」、「石」、「皿」、「禾」、「穴」、「竹」、「米」、「聿」、「臣」、「艮」、「艸」、「虫」、「角」、「谷」、「豆」、「豕」、「赤」、「車」、「風」、「馬」、「麥」、「黃」。

以下是比較不好的偏旁或部首，是屬於負性的下降能量，應該儘量避免使用：

「金」、「水」、「西」、「北」、「子」、「丑」、「寅」、「辰」、「未」、「申」、「酉」、「戌」、「亠」、「冫」、「刀」、「力」、「又」、「大」、「寸」、「工」、「干」、「彡」、「彳」、「巾」、「心」、「手」、「犬」、「文」、「斤」、「日」、「牛」、「玉」、「生」、「矛」、「癸」、「示」、「立」、「衣」、「糸」、「网」、「羊」、「虍」、「耳」、「肉」、「舟」、「羽」、「見」、「言」、「豸」、「貝」、「足」、「采」、「長」、「阜」、「隹」、「雨」、「非」、「頁」、「飛」、「首」、「魚」、「鳥」、「鹿」、「鼎」、「龍」。

第九節　年柱的地支是「申」（猴）的配字法則

年柱的地支是「申」，選擇以下的偏旁或部首，可以得到較強的正性提升力量：「水」、「土」、「北」、「子」、「丑」、「卯」、「辰」、「未」、「戌」、「亠」、「冖」、「冫」、「刀」、「匕」、「厂」、「人」、「口」、「囗」、「士」、「夕」、「寸」、「小」、「尸」、「己」、「干」、「幺」、「广」、「彡」、「彳」、「宀」、「巾」、「手」、「犬」、「戈」、「戶」、「斤」、「方」、「爿」、「片」、「瓜」、「皿」、「矛」、「癶」、「示」、「穴」、「立」、「衣」、「竹」、「糸」、「聿」、「臣」、「見」、「言」、「貝」、「足」、「采」、「長」、「門」、「雨」、「青」、「頁」、「鹿」、「黃」、「黑」、「龍」。

以下是比較不好的偏旁或部首，是屬於負性的下降能量，應該儘量避免使用：

「火」、「東」、「西」、「南」、「寅」、「巳」、「午」、「申」、「酉」、

「亥」、「一」、「乙」、「八」、「几」、「力」、「厶」、「又」、「山」、「工」、「弓」、「心」、「文」、「斤」、「日」、「辶」、「生」、「田」、「石」、「白」、「禾」、「米」、「网」、「羊」、「虍」、「耳」、「肉」、「舟」、「艮」、「艸」、「羽」、「虫」、「角」、「谷」、「豆」、「豕」、「豸」、「赤」、「車」、「邑」、「阜」、「隹」、「非」、「風」、「飛」、「首」、「馬」、「魚」、「鳥」、「麥」、「鼎」。

第十節　年柱的地支是「酉」（雞）的配字法則

年柱的地支是「酉」，選擇以下的偏旁或部首，可以得到較強的正性提升力量：

「土」、「北」、「丑」、「辰」、「巳」、「一」、「乙」、「亠」、「冖」、「几」、「厂」、「口」、「士」、「小」、「尸」、「山」、「己」、「广」、「廴」、「弓」、「宀」、「戶」、「方」、「日」、「毛」、「牛」、「辶」、「瓜」、「生」、「田」、「皿」、「癶」、「禾」、「穴」、「立」、「竹」、「米」、「羊」、「聿」、「臣」、「艮」、「艸」、「羽」、「虫」、「角」、

「谷」、「豆」、「貝」、「足」、「邑」、「長」、「門」、「隹」、「非」、「頁」、「飛」、「鳥」、「鹿」、「麥」、「黃」、「龍」、「鳳」、「凰」。

以下是比較不好的偏旁或部首，是屬於負性的下降能量，應該儘量避免使用：

「木」、「火」、「水」、「東」、「南」、「寅」、「卯」、「午」、「申」、「酉」、「戌」、「亥」、「八」、「丫」、「刀」、「力」、「匕」、「又」、「人」、「夕」、「大」、「工」、「干」、「幺」、「彡」、「彳」、「巾」、「心」、「手」、「犬」、「戈」、「文」、「斤」、「月」、「片」、「爿」、「王」、「石」、「矛」、「示」、「衣」、「糸」、「网」、「虍」、「耳」、「肉」、「舟」、「見」、「言」、「豕」、「豸」、「赤」、「車」、「采」、「阜」、「雨」、「青」、「風」、「首」、「馬」、「魚」、「鹿」、「黑」、「鼎」。

第十一節　年柱的地支是「戌」（狗）的配字法則

年柱的地支是「戌」，選擇以下的偏旁或部首，可以得到較強的正性提升力量：

「火」、「土」、「南」、「北」、「寅」、「巳」、「午」、「申」、「一」、「亠」、「冖」、「厂」、「厶」、「人」、「口」、「士」、「夕」、「小」、「尸」、「幺」、「广」、「廴」、「弓」、「彡」、「宀」、「巾」、「心」、「手」、「戶」、「方」、「月」、「皿」、「癶」、「穴」、「立」、「衣」、「糸」、「虍」、「耳」、「聿」、「肉」、「臣」、「艸」、「見」、「言」、「豸」、「赤」、「足」、「采」、「門」、「風」、「首」、「馬」、「黃」、「鼎」。

以下是比較不好的偏旁或部首，是屬於負性的下降能量，應該儘量避免使用：

「木」、「金」、「水」、「西」、「子」、「丑」、「辰」、「未」、「酉」、「戌」、「亥」、「乙」、「几」、「刀」、「力」、「匕」、「又」、「口」、

「大」、「寸」、「山」、「工」、「己」、「干」、「彳」、「犬」、「戈」、「文」、「斤」、「日」、「毛」、「爿」、「片」、「牛」、「网」、「玉」、「瓜」、「生」、「田」、「石」、「白」、「矛」、「示」、「禾」、「米」、「网」、「舟」、「艮」、「羽」、「虫」、「角」、「谷」、「豆」、「豕」、「貝」、「車」、「邑」、「長」、「阜」、「隹」、「雨」、「青」、「非」、「頁」、「飛」、「魚」、「鳥」、「鹿」、「麥」、「黑」、「龍」。

第十二節　年柱的地支是「亥」（豬）的配字法則

年柱的地支是「亥」，選擇以下的偏旁或部首，可以得到較強的正性提升力量：「木」、「金」、「水」、「東」、「西」、「北」、「子」、「丑」、「寅」、「卯」、「未」、「亠」、「冫」、「厂」、「厶」、「口」、「米」、「夕」、「寸」、「小」、「尸」、「山」、「广」、「宀」、「戶」、「方」、「月」、「牛」、「生」、「田」、「皿」、「癶」、「禾」、「穴」、「竹」、「羊」、「聿」、「臣」、「艸」、「谷」、「豆」、「門」、「雨」、「青」、「非」、

「麥」。

以下是比較不好的偏旁或部首，是屬於負性的下降能量，應該儘量避免使用：

「火」、「土」、「南」、「辰」、「巳」、「午」、「申」、「戌」、「亥」、「二」、「乙」、「亠」、「八」、「几」、「刀」、「力」、「匕」、「又」、「人」、「口」、「士」、「大」、「工」、「己」、「干」、「幺」、「廴」、「弓」、「彡」、「彳」、「巾」、「心」、「手」、「犬」、「戈」、「文」、「斤」、「日」、「爿」、「片」、「玉」、「瓜」、「石」、「白」、「予」、「示」、「足」、「車」、「邑」、「采」、「長」、「阜」、「頁」、「風」、「飛」、「首」、「馬」、「鹿」、「黃」、「鼎」、「龍」。

第四章　月柱選配字法則

「月柱」在整個八字命局上佔有不小的影響力，研究八字的人都相當地重視，簡單地來說：

(1)「月干」（月柱的天干）由於緊臨日主（日干），所以對日主影響度相當大。

(2)「月支」（月令的地支）所代表的是春夏秋冬四時的節氣，使整個命局形成寒、暖、濕、燥的特性，更是日主旺度的重要指標。

在命名的時候，對於月柱的參考性就沒有八字那麼複雜，只有在幾個特殊的月份用到而已，也就是以下的月支，請詳見後面的敘述。

(1)「寅」月：孟春，節氣：自「立春」到「雨水」，這個月可用『火』來暖局。

(2)「巳」月：孟夏，節氣：自「立夏」到「小滿」，這個月可用『水』來滋潤。

(3)「午」月：仲夏，節氣：自「芒種」到「夏至」，這個月可用『水』來解炎燥。

(4)「未」月：季夏，節氣：自「小暑」到「大暑」，這個月可用『水』來解炎燥。

(5)「亥」月：孟冬，節氣：自「立冬」到「小雪」，這個月可用『火』來暖局。

(6)「子」月：仲冬，節氣：自「大雪」到「冬至」，這個月可用『火』來解寒凍

(7)「丑」月：季冬，節氣：自「小寒」到「大寒」，這個月可用『火』來解寒凍。

前面就是所謂「調候」的觀念，純粹看月令行事，十分容易。

日柱選配字法則

「日柱」是個人八字的重心，日干所代表的就是個人，所以又稱為『日主』，或『命主』或『日元』；日支是夫妻宮，看配偶的狀況，在命名的時候，日柱選配字的情形必須先看日干的五行，然後參照和日干相鄰的兩個天干（月干、時干），以及日支，若是五行主氣都是剋日主的話，就必須選用會生日主五行的用字，因為剋日主的五行是所謂的「官星」與「七煞」，必須用生日主的五行來「通關引化」，而這個生日主的五行，就是所謂的「印星」，是保護日主最好的六神。

另外除了前面所敘的要件，當日干以外七個字的五行都沒有生日干或同日干的話，也就是所謂的「從格」，這樣的情形就不一定要印星引化了。

為了更明確掌握，請參看以下的干支五行：

天干部分

甲——木
乙——木
丙——火
丁——火
戊——土
己——土
庚——金
辛——金
壬——水
癸——水

地支部分

子——水

丑—土

寅—木

卯—木

辰—土

巳—火

午—火

未—土

申—金

酉—金

戌—土

亥—水

第五章　命局通關引化選配用字法則

時常聽到針對立場不同的雙方，為了調和彼此的關係，而由兩造都能接受的「和事佬」居中協調，使對立的雙方趨於和諧，這樣的情形在五行間的生剋也發揮得淋漓盡致，也就是下面的狀況：

㈠「金」與「木」：二者之間的關係是「金剋木」，只要中間介入「水」，便形成金生水，水再生木的好結果。

㈡「木」與「土」：二者之間的關係是「木剋土」，只要中間介入「火」，便形成木生火，火再生土的好結果。

㈢「土」與「水」：二者之間的關係是「土剋水」，只要中間介入「金」，便形成土生金，金再生水的好結果。

㈣「水」與「火」：二者之間的關係是「水剋火」，只要中間介入「木」，便形成水生木，木再生火的好結果。

㈤「火」與「金」：二者之間的關係是「火剋金」，只要中間介入「土」，便形成火生土，土再生金的好結果。

前面所提到的，就是「通關引化」的觀念，在取八字用神時，這也是一項相當重要的原則，而命名的重點是要看整個命局相鄰的兩個字之間的五行，彼此是不是相剋的情形非常嚴重，若是如此的話，便要加以通關引化，或是某個五行勢單力孤，被一群相鄰的五行剋制，造成所謂的「暗傷」，也要藉通關引化的作用來解開，為了讓讀者更能確實掌握，請看以下的實例說明：

例㈠祥誕於90年9月12日未時

金　辛巳　火

土　戊戌　土

日主　甲子　水

金　辛未　土

本例可以很清楚地看到日支子水被三個土左右夾剋，應該用『金』來通關引化，藉著土生金再生水的效應來解暗傷。

例㈡祥誕於91年11月7日亥

水　壬午　火

水　壬子　水

水　壬子　水

金　辛亥　水

本例年支午火被一群水來剋，十分嚴重，用『木』來通關引化實在是當務之急。

第四篇

姓名開運篇

第一章 姓名學開運秘訣(一)——擇日啟動

「擇日」是命理一項相當重要的服務，有不少的命學前輩執業，都以「某某擇日館」來稱呼，在這科技昌明的時代，絕大多數的人在結婚、入宅等的重要事項上，仍然必須仰賴命理師提供良辰吉日以求慎重，但是相當可惜的是許多人在重新命名或是嬰兒命名時，並不知道善用這項可以增加名字旺度的天機，這是非常可惜的事情，因此筆者都特別交待客戶在選好名字之後，一定要盡量選擇在旺日啟動，以增加旺名能量。

至於要如何「啟動」呢?其實說穿了是十分容易的事情，啟動分兩個部分，一個是戶政事務的登記，一個是親友的呼喚，在天星旺日的時候，產生加成的效果，而到底要怎麼擇日呢?也非常容易，筆者以非常簡單的表達方式，記載在拙著《擇日催發自己來》一書當中，擁有該書，研究一個下午之後，便掌握了擇日的天機，自己也成為擇日館的館主了。

第二章　姓名學開運秘訣㈡——開運印鑑

「開運印鑑」從民國六十餘年開始問世，到現在已經三十幾年了，由於有不少的客戶得到印證，加上市場廣大，許多命學界人士紛紛投入，可以說是百家爭鳴，另外刻印機器電腦化，只要輸入姓名並指定字體，便可以得到想要的印面，因此在設備充足的先天條件下，許多刻印業者也掛起了開運印鑑的招牌，只是自己做得非常心虛，比較負責任的刻印業者也特別尋找真懂命理以及方位的老師提供八字論命、印面方位設計與擇日和開光加持的重要環節，加上自己刻印章的本職學能，同樣可以提供給客戶百分之百的開運印鑑，除了取信客戶並提供完善的服務之外，更重要的是增加了自己的收入，也提升了自己的層次，因此，不少的業者尋找筆者合作。

開運印鑑的主要原理是依照個人的八字特性安排佈局，使得整個印面所形成的太極產生五行的感應能量，而這個能量再傳給當事人，使個人的磁場有氣機流通的效果，讀者可以參考圖㈠的內容，這是印面的天機，想必刻過開運印鑑的人都曾經看過八個方位

的對照圖（圖(二)），會發現圖(一)與圖(二)有相當大的差異，當然在設計印面的時候應該要用圖(一)所示的二十四方位來佈局，精細度才夠，效果自然更強，至於佈局的方法不外乎：

(一)印星生扶法
(二)比劫襄助法
(三)化去忌神法
(四)耗減其頑法
(五)剋制其剛法
(六)洩氣使通法
(七)合絆忌神法
(八)暖局去寒法
(九)調和炎燥法
(十)通關引化法
(十一)欠缺彌補法
(十二)剋制忌神法
(十三)從其弱勢法
(十四)從其化神法

以上的方法係按照不同命格交互運用，加以佈局。

圖(一)

這是印章原始圖，蘊藏太極運轉的天機，本圖的方位共有二十四個，每個方位都有自己的五行，以及特殊的作用，例如「庚」、「酉」、兩個字都屬金，但是在不同的八字命局，會有個別的作用，所以在適合的方位佈局啟動，產生的效果才夠強。

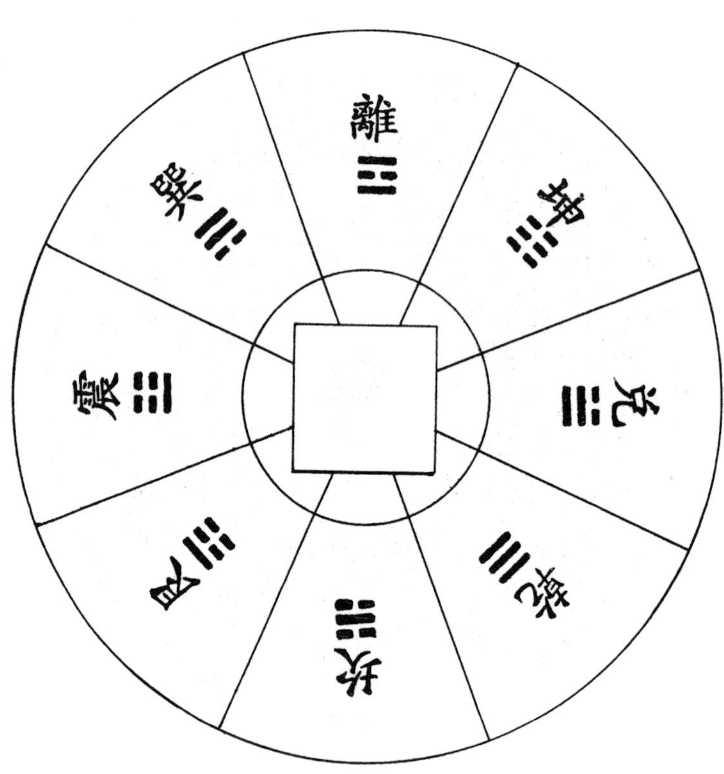

圖(二)

這是後天八卦的圖示，並沒有加入天干與地支，只有方位本身的五行，在印面佈局上稍有不足的現象，尤其一個卦位的區域高達四十五度，同樣的乾方要佈接點，到底是中間、左邊、右邊，由於差異頗大，結果也必然不同，因此印面佈局應該以圖(一)定位才是正確，只是委託刻印的客戶多半拿到的是這樣的圖面。

除了印面的佈局是一大重點之外，一般人多不知道開運印鑑在印材的選擇的天機，承襲以往刻板的觀念，幾乎認為象牙是不二之選，但自從野生動物保育法的公佈之後，象牙已經禁止買賣，於是其他替代物便紛紛出籠，但不外乎兩大類：

㈠動物出產品——「象牙」、「牛角」、「羚羊角」、「獸骨」等等都是，某些性質上確實不錯，但總是離不開人類的貪心、弱肉強食的本性，在腥風血雨之後，得到動物屍體的一部分，倒楣一點的人也因為動物本身的恨意而有動物靈隨身「護祐」，著實值得商榷。

㈡各種石材——「玉石」（坊間雖然稱之為「玉」，但實際上都不到玉的等級）、「水晶」、「瑪瑙」、「玫瑰石」等等，種類繁多，石材的比重大，是優點也是缺點，好處是質感佳，缺點是攜帶不易，若是不小心掉落地面，在重力加速度的作用之下，容易崩落缺角便不能再使用了，另外，石材的冰冷、缺乏生命力也令人質疑。

除了前面兩大類的印材以外，是否有更好的選擇呢？其實有的，那是最容易被忽略的木材，讀者或許嚇了一跳，認為這麼平價的東西，哪有什麼價值可言？其實高檔的木材價格不菲，甚至超過象牙，而且可以成為印材的木料也必須符合毛細孔小，硬度夠，

紋理細緻，年輪均勻的特性，所以能夠雀屏中選的相當少，為什麼木材會成為開運印鑑最好的選擇呢？主要原因如下：

㈠生存條件嚴苛：高檔的木材生長在海拔超過一千公尺以上的深山，氣候嚴寒，日照時間短，土地貧瘠仍然屹立挺拔，生命的堅韌性不可言喻。

㈡氣力旺盛：從種籽的落地、發芽、茁壯，到成為可用之材，必須經歷數百年的光陰，往下紮根，向上結果，寒來暑往，所吸收的山川日月精華全部凝聚在材質本身，所散發的香味是得氣的明證，更具備任何動物或礦物難以匹敵的特點。

㈢人類生命所繫：空氣、水是人類生存的必備因素，氧氣非靠植物不可，水源也要森林的涵養，所以居功厥偉。

其他還有「比重適宜」、「尺寸容易增加」、「不殺生」、「紋路變化多端」、「能量容易轉換」、「和平之氣」、「五行齊全」等諸多優點，遠遠超越其他材質。

除了前面的條件之外，各種不同種類的木材本身也蘊涵著五行，所以應該針對個人八字的特性來選用印材，這樣的完整服務目前的業者可以說是絕無僅有，換言之，應該先看福主的八字，經過分析後，再提供最好的建議，也就是下列的情形：

㈠當您的八字是『木』最好時，應該選擇「翠玉青檀」。
㈡當您的八字是『火』最好時，應該選擇「紫晶玉檀」。
㈢當您的八字是『土』最好時，應該選擇「琥珀香檀」。
㈣當您的八字是『金』最好時，應該選擇「珍珠金檀」、「釉光金檀」。
㈤當您的八字是『水』最好時，應該選擇「墨玉晶檀」。

木材種類太多太多了，窮極一生也認識不完，在精益求精以及提供多重選擇的前題下，筆者繼續收集適用的木材，也希望有這方面資訊的讀者引介，讓筆者提供更多、更完美的服務，感恩不盡，另外，目前坊間的開運印鑑高六公分、長寬一點八公分，實在小了些，以致於納氣不足、蘊藏的能量也不夠，所以應該再增加尺寸，開運效果更強。

當印面佈局完成，印材確定，也把印章刻好了之後，為了增強印章的旺度，各門各派會有特殊的「法」來啟動、開光、加持，藉由無形的力量，對印章靈動力的增強產生絕對性的影響，如此印面佈局形於外，無形力蘊於內，陰陽兼顧，使印章能量倍增，自然啟動運程，由於恩師玉龍居士所傳的法十分殊勝，靈動力當然超越一般的開運印鑑，更由於這樣的緣故，所以不可能像商品一樣要多少有多少般地「量產」，加上擇日因素，

因此訂購以後要等一些時日是十分正常的現象。

在姓名學的運用上，開運印鑑是提供福主用在戶政事務所設定印鑑、簽立契約、書件認證、銀行、郵局等金融機構往來之用，依據現行的姓名條例，必須使用『本名』，也就是戶政事務所記載的資料，因此，即使您擁有助力十分強大的偏名，仍然作用有限，因為偏名能夠發揮的作用力不夠強的關係，除非辦理改名，但是工程浩大，更何況受限於法條的規定，有些人已經沒有再次申請更名的機會了，這是開運印鑑的盲點之一，不過幸好有『超能寶印』，可以彌補這方面的缺失，因為超能寶印可以增強旺名對個人的作用。

第三章　姓名學開運秘訣㈢——超能寶印

『超能寶印』這個商標專用詞，想必對一般的讀者來說，是相當陌生的詞句，因為大家對開運印鑑的熟悉度相當高，以為最高等的印章是開運印鑑，其實不然，對個人運程提升最有幫助的印章非『超能寶印』莫屬，只不過這個法門非常殊勝，沒有幾個人知道罷了。

在前面的單元，筆者已經約略提到超能寶印這個名詞，在姓名學的領域裏，超能寶印是一個相當重要的環節，藉由本書和讀者結緣的榮幸，慎重地洩漏這個珍貴的天機。

一、方位佈局

在方位的佈局上，超能寶印是依據「後天八卦」，也就是所謂的「文王八卦」的方位，再按照與陽宅學的三元空空二十四山向相同的坐向方位，於確認個人的先天八字主體，納入二十四方位的五行，比一般開運印鑑所要考量的細節更多，相對地困難度也隨

之增加。

二、可使用旺名

一般的開運印鑑由於貴在使用，所以毫無選擇地必須刻上「本名」，也就是戶政事務所登記的名字，這樣才有法律的效力，若是使用偏名的話，將來產生糾紛，恐怕會有不好的效應。而超能寶印就沒有這方面的顧慮，可以大大方方地刻上較旺的偏名，並順理成章地得到旺名的能量，來提升運程，這是超能寶印最特殊的優點，當然超能寶印要刻本名也是可以，只是不用旺名有點可惜罷了。

三、特別加強催旺事項

在超能寶印的印面佈局上，有四種特殊的方位可以運用，那就是「文昌位」、「桃花位」、「驛馬位」、「貴人方」，針對福主不同的需求來加強，分別介紹如左：

「文昌位」：用於開智慧，增加記憶力，以及參加考試的催旺。

「桃花位」：用於催旺異性緣，男性與女性都可以運用，彌補流年才有作用的先天缺失。

「驛馬位」：用於催旺出國、陞遷、工作的變動以及官運的亨通。

「貴人方」：用於業務的拓展與前途的需要，貴人適時的出現，臨門一腳，功效卓著，尤其八字缺乏印星的人更是明顯。

開運印鑑雖然也可以比照催旺，但是由於法門不同，所以效果沒有超能寶印那麼強，這也是超能寶印的特點之一。

四、身分、年齡的限制

前面已經提到開運印鑑貴在使用，所以針對小孩子來講，開運印鑑是使不上力的，而超能寶印貴在能量的蓄積，所以並沒有這樣的問題，換言之，從出生開始，就可以運用超能寶印來提升運程，所以，有不少的父母在小孩出生確定名字以後，便請筆者製作超能寶印，算是送給小baby的兩項見面禮，第一是旺名，第二是超能寶印，實在是超級大禮；當然還有不少的情侶是製作對章做為定情之物，所代表的意義和效力絕對超過鑽石，只是西方主義至上，所以要提倡用超能寶印做定情物確實還要相當的努力。

設計實例

福主：陳中倫小姐

福主在商場上可以說是女中豪傑，經營投資了許多項的企業，八字命局以官印相生為最佳的喜用神，貴氣也高，趁著行運當旺的時候以開運雙寶印璽來增強能量，另外也請筆者製作公司的開運印鑑，可以說是雙管齊下。

陳小姐的命局以「火」、「木」、「土」最佳，其中又以「火」最好，因此印材以「紫晶玉檀」為之，這種高貴的木料陳小姐非常喜歡，也承諾向貿易界的朋友打聽，替筆者尋找其他更好的高級木料。

龍琳居士　超能寶印 開運印鑑　設計實例

- ☐ 超能寶印
- ☐ 開運印鑑
- ☑ 開運雙寶印璽

㊍	㊋	㊏	金	水
貴人：子	驛馬：申	桃花：酉	文昌：亥	

設計實例

福主：王雪玉女士

福主是筆者配合的廠商之一，經由筆者的親戚介紹認識而結緣，福主經營木材生意，對於筆者在印材的五行上必須與個人配合，而不是一味地使用象牙，感到相當地認同，十分恰巧地是福主本身的八字喜用神是『土』，與自己出售給筆者的「琥珀香檀」不謀而合，福主也從來不知道所經營的木材是上好的印材質料。

在佈局上，福主的命局以「土」、「火」、「金」較佳，所以特別予以加強能量，再過不久，福主的八字即將交好運，藉由開運印鑑的事先提升，必定給予相當的助力。

龍琳居士　超能寶印 開運印鑑　設計實例

- ☐ 超能寶印
- ☐ 開運印鑑
- ☑ 開運雙寶印璽

木	㊋火	㊏土	㊎金	水
貴人：子	驛馬：申	桃花：酉	文昌：卯	

設計實例

福主：蘇志遠先生

蘇先生是一位中古汽車的經營者，秉持良心第一，絕不賣泡水車以及事故車，加上價格合理，所以深受信賴，蘇先生也是相當有品味的人，所經營的行號委託筆者命名為「玉良駒」，和自己的行業完全吻合，為免去將來的麻煩，蘇先生也特別將這麼好的名稱辦理「商標註冊」。

蘇先生的命局以「火」最好，「土」也不錯，「金」中吉，所以筆者特別在上述幾個方位予以佈局，以催旺蘇先生的能量。

龍琳居士　超能寶印 開運印鑑　設計實例

☐ 超能寶印 ☐ 開運印鑑 ☑ 開運雙寶印璽	木　(火)　(土)　(金)　水 貴人：寅　驛馬：亥　桃花：子　文昌：亥

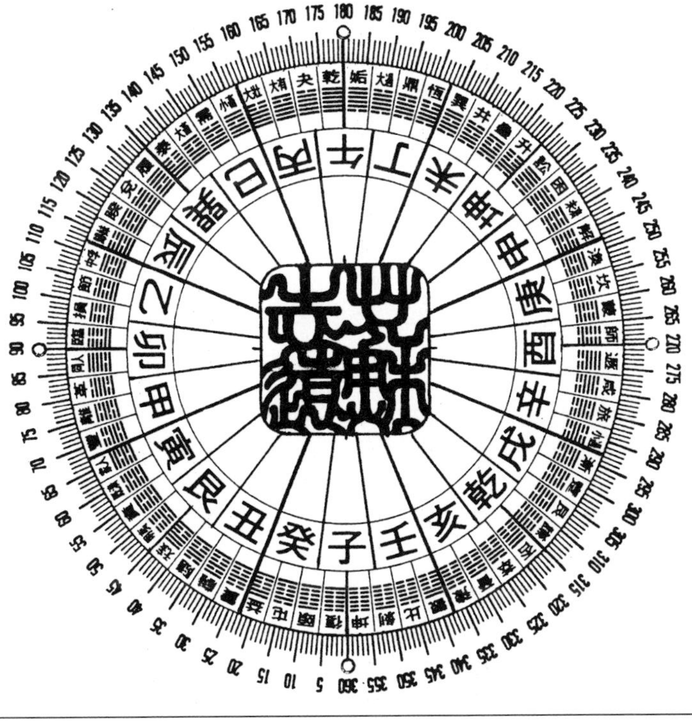

午　丁　未　坤　申　庚　酉　辛　戌　乾　亥　壬　子　癸　丑　艮　寅　甲　卯　乙　辰　巽　巳　丙

設計實例

福主：蘇志明先生

蘇先生是一位室內設計師，在一次與筆者研究之後，便扭轉了以往在學校時老師對一般地理師的負面評價，蘇先生年紀輕輕，對室內設計卻有相當高的造詣，著實令人佩服。

蘇先生的八字命局以「金」、「土」、「水」三種五行為用神，所以筆者特別在上述五行的方位加強佈局，並請讀者特別留意的是前例蘇志遠先生是蘇志明的哥哥，由於八字用神不一樣，所以字型以及接點也產生相當大的差異，若是單靠一般的電腦只是輸入「吉祥體」或「印相體」，保證「蘇」和「志」兩個印章的字完全一樣，這也是檢驗開運印鑑真假的方式之一。

龍琳居士　超能寶印 開運印鑑　設計實例

	木	火	㊏	㊎	㊌
□ 超能寶印 □ 開運印鑑 ✔ 開運雙寶印璽	貴人：子	驛馬：亥	桃花：酉	文昌：卯	

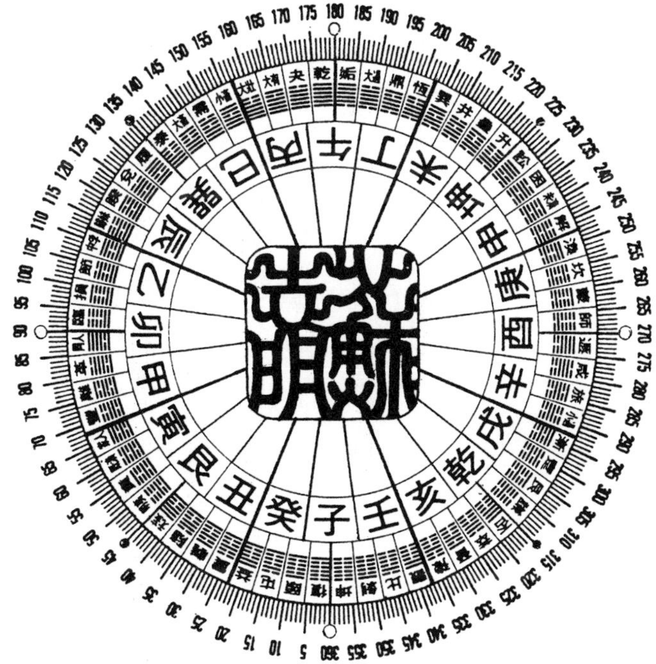

設計實例

福主：劉進財先生

福主是筆者的陽宅客戶，在苗栗興建了佔地將近兩千坪的廠房，為了永續的發展，在還沒申請建築執照之前，便由筆者事先規劃、擇日、立山定向、放寶物，所以建築師非常輕鬆地免去配置與室內隔局的工作，與先前所遇到的地理師比起來，有天壤之別，也改變了地理師刁鑽、不科學的刻板印象。

劉先生的八字以「水」、「土」、「木」較佳，「水」的優點最多，因此印材選擇「墨玉晶檀」為之，當然印面的佈局也是以此為前題加以設計。

龍琳居士　超能寶印 開運印鑑　設計實例

	木 火 土 金 水			
□ 超能寶印 ✔ 開運印鑑 □ 開運雙寶印璽	貴人：午	驛馬：亥	桃花：午	文昌：酉

設計實例

福主：蔚倫實業股份有限公司

要製作公司的開運印鑑相當不容易，主體是公司的主要經營者的八字命局，因此印面的佈局與印材的選擇以及加持的法也會不一樣，所以，當公司改組時，原先的印章可能必須改變，這是一般人最常忽略的重點。

一般開運印鑑受限於象牙與牛角本身材質呈現空心、向上尖削的特性，所以印面大多以一寸（三公分）為之，而且印材沒辦法取材成為整支的完整方柱，所以高度差不多六公分，上方再車圓做造型，如此，納氣與蘊藏能量的作用便降低，相較之下，可以配合個人五行的高貴木料在印面的增加以及高度的提升，達到加強能量的作用力上，便又略勝一籌了。

龍琳居士	超能寶印 開運印鑑	設計實例

	木　火　土　金　水			
□ 超能寶印 ✔ 開運印鑑 □ 開運雙寶印璽	貴人：	驛馬：	桃花：	文昌：

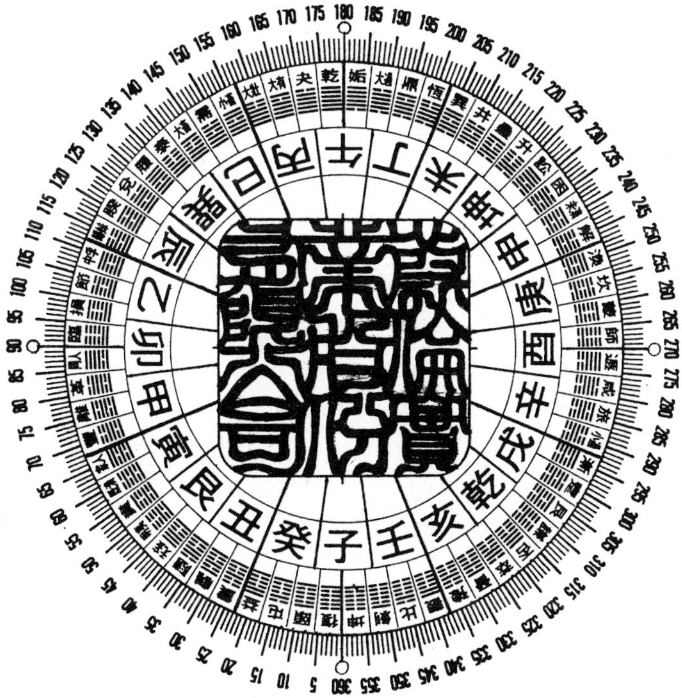

第四章　姓名學開運秘訣㈣——開運名片

處在工商業的社會裏，名片幾乎是個人自我介紹的利器，兩個不認識的人透過名片的交換，便互相有個話題，拉近了彼此的距離，也促成了商業的交流。

在緒論篇裏，筆者提到姓名的能量由「呼喚」、「簽名」、「開運印鑑」、「超能寶印」、「名片使用」等五大途徑產生磁場，並對個人產生作用，這是姓名學重要的原理。

何謂「開運名片」呢？開運名片是依據個人八字為基礎，再配合各個扑位的扑氣做安排，使整個名片對個人的助力能量達到最高，若是讀者對開運名片有興趣的話，可以購買《怎樣製作開運名片》一書，同樣由知青頻道出版，書中有非常詳盡的說明。

第五篇

第一章　各種姓氏的筆劃選局秘訣

第一節　㈠前言

這個部分是命名實務上相當重要的環節，筆者將選局、配局的秘訣全部公諸於世，而且經過審慎、精細的整理，不管您有沒有基礎，都可以從這裏相當輕鬆地找到比較好的筆劃配局加以運用，為了讓讀者更清楚明白，先做觀念上的說明：

(1)以個人八字的年柱為基準，各干支下方的括弧是公元年數，由於年柱是每六十年一循環，因此相同的干支間隔六十年。

(2)若是想要換算民國年數，只要減去一九一一即可。

(3)五格若是有弱數出現的話，只要五行配置合宜，並沒有多大的影響，當然出現太多也是美中不足的。

後續各個章節即是按照各個相同筆劃的姓氏編排，翻開來，您已天機在握。

第二章　各種姓氏的筆劃選局秘訣分析

姓氏為二劃的選局秘訣

Ⅰ二劃的姓氏收錄如下：

丁力刀刁卜

Ⅱ筆劃選擇法：

(1)當您的姓氏是二劃時，天格必定是三劃，五行屬火。

(2)按照不同的出生年柱，以及所屬的天助五行，個別選擇配局：

①在甲子、甲午、乙丑、乙未、庚辰、庚戌、辛巳、辛亥、壬寅、壬申、癸卯、癸酉，這十二個年份出生的人，可以考慮名字第一個字的筆劃如左，助力較大：

A筆劃數為5、15劃時，人格數分別為7、17劃，五行屬金。

B筆劃數為6、16劃時，人格數分別為8、18劃，五行屬金。

②在甲寅、甲申、乙卯、乙酉、丙子、丙午、丁丑、丁未、壬辰、壬戌、癸巳、癸亥，這十二個年份出生的人，可以考慮名字第一個字的筆劃如左，助力較大：

A筆劃數為9、19劃時，人格數分別為11、21劃，五行屬木。

③在戊辰、戊戌、己巳、己亥、庚寅、庚申、辛卯、辛酉、壬子、壬午、癸丑、癸未，這十二個年份出生的人，可以考慮名字第一個字的筆劃如左，助力較大：

A筆劃數為9、19劃時，人格數分別為11、21劃，五行屬木。

B筆劃數為1、11劃時，人格數分別為3、13劃，五行屬火。

C筆劃數為21劃時，人格數為23劃，五行屬火。

④在甲辰、甲戌、乙巳、乙亥、丙寅、丙申、丁卯、丁酉、戊子、戊午、己丑、己未，這十二個年份出生的人，可以考慮名字第一個字的筆劃如左，助力較大：

A筆劃數為1、11劃時，人格數分別為3、13劃，五行屬火。

B筆劃數為21劃時，人格數為23劃，五行屬火。

⑤在丙辰、丙戌、丁巳、丁亥、戊寅、戊申、己卯、己酉、庚子、庚午、辛丑、辛未，這十二個年份出生的人，可以考慮名字第一個字的筆劃如左，助力較大：

A筆劃數為3、13劃時，人格數分別為5、15劃，五行屬土。

B筆劃數為4、14劃時，人格數分別為6、16劃，五行屬土。

C筆劃數為5、15劃時，人格數分別為7、17劃，五行屬金。

D筆劃數為6、16劃時，人格數分別為8、18劃，五行屬金。

(3)弱數只要五行配合得宜，仍然可以選用。

Ⅲ選局配局建議如下：

外格	一	姓	名一	名二	天格	人格	地格	總格
11	一	2	3	10	3	5	13	15
6	一	2	3	5	3	5	8	10
3	一	2	3	2	3	5	5	7
13	一	2	4	12	3	6	16	18
8	一	2	4	7	3	6	11	13
3	一	2	4	2	3	6	6	8
13	一	2	3	12	3	5	15	17
6	一	2	6	5	3	8	11	13
17	一	2	5	16	3	7	21	23
11	一	2	5	10	3	7	15	17
7	一	2	5	6	3	7	11	13
18	一	2	6	17	3	8	23	25
16	一	2	6	15	3	8	21	23
11	一	2	6	10	3	8	16	18
8	一	2	6	7	3	8	13	15

<table>
<tr>
<td>13
一
2
9
12
3
11
21
23</td>
<td>11
一
2
9
10
3
11
19
21</td>
<td>5
一
2
9
4
3
11
13
15</td>
<td>3
一
2
9
2
3
11
11
13</td>
</tr>
<tr>
<td>11
一
2
11
10
3
13
21
23</td>
<td>23
一
2
9
22
3
11
31
33</td>
<td>21
一
2
9
20
3
11
29
31</td>
<td>15
一
2
9
14
3
11
23
25</td>
</tr>
<tr>
<td>17
一
2
13
16
3
15
29
31</td>
<td>11
一
2
13
10
3
15
23
25</td>
<td>3
一
2
13
2
3
15
15
17</td>
<td>13
一
2
11
12
3
13
23
25</td>
</tr>
<tr>
<td>15
一
2
15
14
3
17
29
31</td>
<td>8
一
2
14
7
3
16
21
23</td>
<td>3
一
2
14
2
3
16
16
18</td>
<td>21
一
2
13
20
3
15
23
35</td>
</tr>
</table>

姓氏為三劃的選局秘訣

I 三劃的姓氏收錄如下：

于子士万干弓午上山

II 筆劃選擇法：

(1)當您的姓氏是三劃時，天格必定是四劃，五行屬火。

(2)按照不同的出生年柱，以及所屬的天助五行，個別選擇配局：

①在甲子、甲午、乙丑、乙未、庚辰、庚戌、辛巳、辛亥、壬寅、壬申、癸卯、癸酉，這十二個年份出生的人，可以考慮名字第一個字的筆劃如左，助力較大：

A筆劃數為4、14劃時，人格數分別為7、17劃，五行屬金。

B筆劃數為5、15劃時，人格數分別為8、18劃，五行屬金。

②在甲寅、甲申、乙卯、乙酉、丙子、丙午、丁丑、丁未、壬辰、壬戌、癸巳、癸亥，這十二個年份出生的人，可以考慮名字第一個字的筆劃如左，助力較大：

A筆劃數為8、18劃時，人格數分別為11、21劃，五行屬木。

③在戊辰、戊戌、己巳、己亥、庚寅、庚申、辛卯、辛酉、壬子、壬午、癸丑、癸未，這十二個年份出生的人，可以考慮名字第一個字的筆劃如左，助力較大：

A筆劃數為8、18劃時，人格數分別為11、21劃，五行屬木。

B筆劃數為10、20劃時，人格數分別為13、23劃，五行屬火。

④在甲辰、甲戌、乙巳、乙亥、丙寅、丙申、丁卯、丁酉、戊子、戊午、己丑、己未，這十二個年份出生的人，可以考慮名字第一個字的筆劃如左，助力較大：

A筆劃數為10、20劃時，人格數分別為13、23劃，五行屬火。

B筆劃數為2、12劃時，人格數分別為5、15劃，五行屬土。

C筆劃數為3、13劃時，人格數分別為6、16劃，五行屬土。

⑤在丙辰、丙戌、丁巳、丁亥、戊寅、戊申、己卯、己酉、庚子、庚午、辛丑、辛未，這十二個年份出生的人，可以考慮名字第一個字的筆劃如左，助力較大：

A筆劃數為2、12劃時，人格數分別為5、15劃，五行屬土。

B筆劃數為4、14劃時，人格數分別為7、17劃，五行屬金。

C筆劃數為5、15劃時，人格數分別為8、18劃，五行屬金。

(3)弱數只要五行配合得宜，仍然可以選用。

Ⅲ選局配局建議如下：

6 一 3 3 5 4 6 8 11	17 一 3 2 16 4 5 18 21	7 一 3 2 6 4 5 8 11	外格 一 姓 名一 名二 天格 人格 地格 總格
15 一 3 4 14 4 7 18 21	5 一 3 4 4 4 7 8 11	16 一 3 3 15 4 6 18 21	13 一 3 3 12 4 6 15 18
6 一 3 8 5 4 11 13 16	17 一 3 5 16 4 8 21 24	11 一 3 5 10 4 8 15 18	18 一 3 4 17 4 7 21 24
12 一 3 10 11 4 13 21 24	6 一 3 10 5 4 13 15 18	11 一 3 8 10 4 11 18 21	8 一 3 8 7 4 11 15 18

18 (一 3 12 17) 4 15 29 — 32	7 (一 3 12 6) 4 15 18 — 21	17 (一 3 10 16) 4 13 26 — 29	16 (一 3 10 15) 4 13 25 — 28
17 (一 3 13 16) 4 16 29 — 32	13 (一 3 13 12) 4 16 25 — 28	6 (一 3 13 5) 4 16 18 — 21	21 (一 3 12 20) 4 15 32 — 35
7 (一 3 15 6) 4 18 21 — 24	16 (一 3 14 15) 4 17 29 — 32	8 (一 3 14 7) 4 17 21 — 24	5 (一 3 14 4) 4 17 18 — 21
13 (一 3 20 12) 4 23 32 — 35	15 (一 3 18 14) 4 21 32 — 35	18 (一 3 15 17) 4 18 32 — 35	15 (一 3 15 14) 4 18 29 — 32

姓氏為四劃的選局秘訣

Ⅰ四劃的姓氏收錄如下：

仇戈水木孔毛文方巴支卞牛尹元公勾尤太井火

Ⅱ筆劃選擇法：

(1)當您的姓氏是四劃時，天格必定是五劃，五行屬土。

(2)按照不同的出生年柱，以及所屬的天助五行，個別選擇配局：

①在甲子、甲午、乙丑、乙未、庚辰、庚戌、辛巳、辛亥、壬寅、壬申、癸卯、癸酉，這十二個年份出生的人，可以考慮名字第一個字的筆劃如左，助力較大：

A筆劃數為3、13劃時，人格數分別為7、17劃，五行屬金。

B筆劃數為4、14劃時，人格數分別為8、18劃，五行屬金。

②在甲寅、甲申、乙卯、乙酉、丙子、丙午、丁丑、丁未、壬辰、壬戌、癸巳、癸亥，這十二個年份出生的人，可以考慮名字第一個字的筆劃如左，助力較大：

A筆劃數為7、17劃時，人格數分別為11、21劃，五行屬木。

③在戊辰、戊戌、己巳、己亥、庚寅、庚申、辛卯、辛酉、壬子、壬午、癸丑、癸未，這十二個年份出生的人，可以考慮名字第一個字的筆劃如左，助力較大：

A筆劃數為7、17劃時，人格數分別為11、21劃，五行屬木。

B筆劃數為9、19劃時，人格數分別為13、23劃，五行屬火。

④在甲辰、甲戌、乙巳、乙亥、丙寅、丙申、丁卯、丁酉、戊子、戊午、己丑、己未，這十二個年份出生的人，可以考慮名字第一個字的筆劃如左，助力較大：

A筆劃數為9、19劃時，人格數分別為13、23劃，五行屬火。

B筆劃數為1、11劃時，人格數分別為15、25劃，五行屬土。

C筆劃數為12劃時，人格數為16劃，五行屬土。

⑤在丙辰、丙戌、丁巳、丁亥、戊寅、戊申、己卯、己酉、庚子、庚午、辛丑、辛未，這十二個年份出生的人，可以考慮名字第一個字的筆劃如左，助力較大：

A筆劃數為2、12劃時，人格數分別為6、16劃，五行屬土。

B筆劃數為3、13劃時，人格數分別為7、17劃，五行屬金。

C筆劃數為4、14劃時，人格數分別為8、18劃，五行屬金。

(3)弱數只要五行配合得宜，仍然可以選用。

Ⅲ選局配局建議如下：

外格	一	姓	名一	名二	天格	人格	地格	總格
5	一	4	3	4	5	7	7	11
16	一	4	2	15	5	6	17	21
6	一	4	2	5	5	6	7	11
8	一	4	4	7	5	8	11	15
23	一	4	3	22	5	7	25	29
15	一	4	3	14	5	7	17	21
11	一	4	3	10	5	7	13	17
15	一	4	7	14	5	11	21	25
11	一	4	7	10	5	11	17	21
7	一	4	7	6	5	11	13	17
18	一	4	4	17	5	8	21	25
7	一	4	11	6	5	15	17	21
17	一	4	9	16	5	13	25	29
13	一	4	9	12	5	13	21	25
3	一	4	9	2	5	13	11	15

6 一 4 12 5 5 16 17 21	21 一 4 11 20 5 15 31 35	15 一 4 11 14 5 15 25 29	11 一 4 11 10 5 15 21 25
23 一 4 13 22 5 17 35 39	17 一 4 13 16 5 17 29 33	13 一 4 13 12 5 17 25 29	18 一 4 12 17 5 16 29 33
13 一 4 17 12 5 21 29 33	18 一 4 14 17 5 18 31 35	16 一 4 14 15 5 18 29 33	8 一 4 14 7 5 18 21 25
13 一 4 19 12 5 23 31 35	7 一 4 19 6 5 23 25 29	17 一 4 17 16 5 21 33 37	15 一 4 17 14 5 21 31 35

姓氏為五劃的選局秘訣

Ⅰ五劃的姓氏收錄如下：

包丘平左令皮布王田申白由可古冉史玉正句以丙石央甘世召司后目仙市弘代

Ⅱ筆劃選擇法：

⑴當您的姓氏是五劃時，天格必定是六劃，五行屬土。

⑵按照不同的出生年柱，以及所屬的天助五行，個別選擇配局：

①在甲子、甲午、乙丑、乙未、庚辰、庚戌、辛巳、辛亥、壬寅、壬申、癸卯、癸酉，這十二個年份出生的人，可以考慮名字第一個字的筆劃如左，助力較大：

A筆劃數為2、12劃時，人格數分別為7、17劃，五行屬金。

B筆劃數為3、13劃時，人格數分別為8、18劃，五行屬金。

②在甲寅、甲申、乙卯、乙酉、丙子、丙午、丁丑、丁未、壬辰、壬戌、癸巳、癸亥，這十二個年份出生的人，可以考慮名字第一個字的筆劃如左，助力較大：

A筆劃數為6、16劃時，人格數分別為11、21劃，五行屬木。

③在戊辰、戊戌、己巳、己亥、庚寅、庚申、辛卯、辛酉、壬子、壬午、癸丑、癸未，這十二個年份出生的人，可以考慮名字第一個字的筆劃如左，助力較大：

A筆劃數為6、16劃時，人格數分別為11、21劃，五行屬木。

B筆劃數為8、18劃時，人格數分別為13、23劃，五行屬火。

C筆劃數為19劃時，人格數為24劃，五行屬火。

④在甲辰、甲戌、乙巳、乙亥、丙寅、丙申、丁卯、丁酉、戊子、戊午、己丑、己未，這十二個年份出生的人，可以考慮名字第一個字的筆劃如左，助力較大：

A筆劃數為8、18劃時，人格數分別為13、23劃，五行屬火。

B筆劃數為9劃時，人格數分別為24劃，五行屬火。

C筆劃數為10、20劃時，人格數分別為15、25劃，五行屬土。

D筆劃數為11劃時，人格數為16劃，五行屬土。

⑤在丙辰、丙戌、丁巳、丁亥、戊寅、戊申、己卯、己酉、庚子、庚午、辛丑、辛未，這十二個年份出生的人，可以考慮名字第一個字的筆劃如左，助力較大：

A筆劃數為10、20劃時，人格數分別為15、25劃，五行屬土。

B筆劃數為11劃時，人格數為16劃，五行屬土。

C筆劃數為2、12劃時，人格數分別為7、17劃，五行屬金。

D筆劃數為3、13劃時，人格數分別為8、18劃，五行屬金。

(3)弱數只要五行配合得宜，仍然可以選用。

Ⅲ選局配局建議如下：

外格	一	姓	名一	名二	天格	人格	地格	總格
15	一	5	2	14	6	7	16	21
7	一	5	2	6	6	7	8	13
5	一	5	2	4	6	7	6	11
11	一	5	3	10	6	8	13	18
6	一	5	3	5	6	8	8	13
23	一	5	2	22	6	7	24	29
17	一	5	2	16	6	7	18	23
13	一	5	6	12	6	11	18	23
11	一	5	6	10	6	11	16	21
3	一	5	6	2	6	11	8	13
16	一	5	3	15	6	8	18	23
17	一	5	8	16	6	13	24	29
11	一	5	8	10	6	13	18	23
6	一	5	8	5	6	13	13	18
5	一	5	8	4	6	13	12	17

5 (一)(5)(12)(4) 6 17 16 — 21	17 (一)(5)(10)(16) 6 15 26 — 31	15 (一)(5)(10)(14) 6 15 24 — 29	7 (一)(5)(10)(6) 6 15 16 — 21
15 (一)(5)(12)(14) 6 17 26 — 31	13 (一)(5)(12)(12) 6 17 24 — 29	8 (一)(5)(12)(7) 6 17 19 — 24	7 (一)(5)(12)(6) 6 17 18 — 23
15 (一)(5)(13)(14) 6 18 27 — 32	8 (一)(5)(13)(7) 6 18 20 — 25	6 (一)(5)(13)(5) 6 18 18 — 23	17 (一)(5)(12)(16) 6 17 28 — 33
15 (一)(5)(18)(14) 6 23 32 — 37	7 (一)(5)(18)(6) 6 23 24 — 29	17 (一)(5)(16)(16) 6 21 32 — 37	13 (一)(5)(16)(12) 6 21 28 — 33

姓氏為六劃的選局秘訣

Ⅰ六劃的姓氏收錄如下：

朱共危有仲列自仰多守州牟伊任伍米吉向同匡百卯老羽光后伏式安羊全年

Ⅱ筆劃選擇法：

(1)當您的姓氏是六劃時，天格必定是七劃，五行屬金。

(2)按照不同的出生年柱，以及所屬的天助五行，個別選擇配局：

①在甲子、甲午、乙丑、乙未、庚辰、庚戌、辛巳、辛亥、壬寅、壬申、癸卯、癸酉，這十二個年份出生的人，可以考慮名字第一個字的筆劃如左，助力較大：

A筆劃數為1、11劃時，人格數分別為7、17劃，五行屬金。

B筆劃數為2、12劃時，人格數分別為8、18劃，五行屬金。

②在甲寅、甲申、乙卯、乙酉、丙子、丙午、丁丑、丁未、壬辰、壬戌、癸巳、癸亥，這十二個年份出生的人，可以考慮名字第一個字的筆劃如左，助力較大：

A筆劃數為5、15劃時，人格數分別為11、21劃，五行屬木。

③在戊辰、戊戌、己巳、己亥、庚寅、庚申、辛卯、辛酉、壬子、壬午、癸丑、癸未，這十二個年份出生的人，可以考慮名字第一個字的筆劃如左，助力較大：

A筆劃數為5、15劃時，人格數分別為11、21劃，五行屬木。

B筆劃數為7、17劃時，人格數分別為13、23劃，五行屬火。

C筆劃數為18劃時，人格數為24劃，五行屬火。

④在甲辰、甲戌、乙巳、乙亥、丙寅、丙申、丁卯、丁酉、戊子、戊午、己丑、己未，這十二個年份出生的人，可以考慮名字第一個字的筆劃如左，助力較大：

A筆劃數為9、19劃時，人格數分別為15、25劃，五行屬土。

B筆劃數為10劃時，人格數為16劃，五行屬土。

C筆劃數為7、17劃時，人格數分別為13、23劃，五行屬火。

D筆劃數為18劃時，人格數為24劃，五行屬火。

⑤在丙辰、丙戌、丁巳、丁亥、戊寅、戊申、己卯、己酉、庚子、庚午、辛丑、辛未，這十二個年份出生的人，可以考慮名字第一個字的筆劃如左，助力較大：

A筆劃數為9、19劃時，人格數分別為15、25劃，五行屬土。

B筆劃數為10劃時，人格數分別為16劃，五行屬土。

C筆劃數為11劃時，人格數為17劃，五行屬金。

D筆劃數為12劃時，人格數為18劃，五行屬金。

(3)弱數只要五行配合得宜，仍然可以選用。

Ⅲ選局配局建議如下：

外格	一	姓	名一	名二	天格	人格	地格	總格
3	一	6	5	2	7	11	7	13
16	一	6	2	15	7	8	17	23
6	一	6	2	5	7	8	7	13
17	一	6	5	16	7	11	21	27
13	一	6	5	12	7	11	17	23
11	一	6	5	10	7	11	15	21
7	一	6	5	6	7	11	11	17
17	一	6	7	16	7	13	23	29
11	一	6	7	10	7	13	17	23
5	一	6	7	4	7	13	11	17
21	一	6	5	20	7	11	25	31
6	一	6	10	5	7	16	15	21
17	一	6	9	16	7	15	25	31
15	一	6	9	14	7	15	23	29
7	一	6	9	6	7	15	15	21

16 一 6 10 15 7 16 25 31	14 一 6 10 13 7 16 23 29	8 一 6 10 7 7 16 17 23	6 一 6 10 5 7 16 15 21
3 一 6 15 2 7 21 17 23	18 一 6 12 17 7 18 29 35	7 一 6 12 6 7 18 18 24	6 一 6 12 5 7 18 17 23
13 一 6 17 12 7 23 29 35	17 一 6 15 16 7 21 31 37	15 一 6 15 14 7 21 29 35	11 一 6 15 10 7 21 25 31
15 一 6 19 14 7 25 33 39	18 一 6 18 17 7 24 35 41	8 一 6 18 7 7 24 25 31	15 一 6 17 14 7 23 31 37

姓氏為七劃的選局秘訣

Ⅰ七劃的姓氏收錄如下：

李何宋吳江杜余佘別而車成岑池甫利呂巫辛谷希貝冷步求我伯系杞良束里豆言吾汝

Ⅱ筆劃選擇法：

(1)當您的姓氏是七劃時，天格必定是八劃，五行屬金。

(2)按照不同的出生年柱，以及所屬的天助五行，個別選擇配局：

①在甲子、甲午、乙丑、乙未、庚辰、庚戌、辛巳、辛亥、壬寅、壬申、癸卯、癸酉，這十二個年份出生的人，可以考慮名字第一個字的筆劃如左，助力較大：

A筆劃數為10劃時，人格數為17劃，五行屬金。

B筆劃數為1、11劃時，人格數分別為8、18劃，五行屬金。

②在甲寅、甲申、乙卯、乙酉、丙子、丙午、丁丑、丁未、壬辰、壬戌、癸巳、癸亥，這十二個年份出生的人，可以考慮名字第一個字的筆劃如左，助力較大：

A筆劃數為4、14劃時，人格數分別為11、21劃，五行屬木。

③在戊辰、戊戌、己巳、己亥、庚寅、庚申、辛卯、辛酉、壬子、壬午、癸丑、癸未，這十二個年份出生的人，可以考慮名字第一個字的筆劃如左，助力較大：

A筆劃數為4、14劃時，人格數分別為11、21劃，五行屬木。

B筆劃數為6、16劃時，人格數分別為13、23劃，五行屬火。

C筆劃數為17劃時，人格數為24劃，五行屬火。

④在甲辰、甲戌、乙巳、乙亥、丙寅、丙申、丁卯、丁酉、戊子、戊午、己丑、己未，這十二個年份出生的人，可以考慮名字第一個字的筆劃如左，助力較大：

A筆劃數為6、16劃時，人格數分別為13、23劃，五行屬火。

B筆劃數為17劃時，人格數為24劃，五行屬火。

C筆劃數為8、18劃時，人格數分別為15、25劃，五行屬土。

D筆劃數為9劃時，人格數為16劃，五行屬土。

⑤在丙辰、丙戌、丁巳、丁亥、戊寅、戊申、己卯、己酉、庚子、庚午、辛丑、辛未，這十二個年份出生的人，可以考慮名字第一個字的筆劃如左，助力較大：

A筆劃數為8、18劃時，人格數分別為15、25劃，五行屬土。

B筆劃數為9劃時，人格數分別為16劃，五行屬土。

C筆劃數為10劃時，人格數分別為17劃，五行屬金。

D筆劃數為11劃時，人格數分別為18劃，五行屬金。

(3)弱數只要五行配合得宜，仍然可以選用。

Ⅲ選局配局建議如下：

外格	一	姓	名一	名二	天格	人格	地格	總格
13	一	7	4	14	8	11	18	25
13	一	7	4	12	8	11	16	23
8	一	7	4	7	8	11	11	18
11	一	7	6	10	8	13	16	23
6	一	7	6	5	8	13	11	18
3	一	7	6	2	8	13	8	15
21	一	7	4	20	8	11	24	31
11	一	7	8	10	8	15	18	25
8	一	7	8	7	8	15	15	22
7	一	7	8	6	8	15	14	21
13	一	7	6	12	8	13	18	25
16	一	7	9	15	8	16	24	31
8	一	7	9	7	8	16	16	23
18	一	7	8	17	8	15	25	32
17	一	7	8	16	8	15	24	31

9 一 7 10 8 8 17 18 25	8 一 7 10 7 8 17 17 24	7 一 7 10 6 8 17 16 23	17 一 7 9 16 8 16 25 32
8 一 7 11 7 8 18 18 25	17 一 7 10 16 8 17 26 33	16 一 7 10 15 8 17 25 32	15 一 7 10 14 8 17 24 31
11 一 7 14 10 8 21 24 31	5 一 7 14 4 8 21 18 25	18 一 7 11 17 8 18 28 35	15 一 7 11 14 8 18 25 32
8 一 7 18 7 8 25 25 32	7 一 7 18 6 8 25 24 31	17 一 7 16 16 8 23 32 39	17 一 7 14 16 8 21 30 37

姓氏為八劃的選局秘訣

Ⅰ八劃的姓氏收錄如下：

林孟金季來委岳宗艾於杭收居武幸宓屈沈卓狄尚兒昌明始長官易扶和汪竺京沓虎帛沃松祁房庚沙東征析汲念知

Ⅱ筆劃選擇法：

⑴當您的姓氏是八劃時，天格必定是九劃，五行屬水。

⑵按照不同的出生年柱，以及所屬的天助五行，個別選擇配局：

①在甲子、甲午、乙丑、乙未、庚辰、庚戌、辛巳、辛亥、壬寅、壬申、癸卯、癸酉，這十二個年份出生的人，可以考慮名字第一個字的筆劃如左，助力較大：

A筆劃數為9劃時，人格數為17劃，五行屬金。

B筆劃數為10劃時，人格數為18劃，五行屬金。

C筆劃數為21劃時，人格數為29劃，五行屬水。

②在甲寅、甲申、乙卯、乙酉、丙子、丙午、丁丑、丁未、壬辰、壬戌、癸巳、癸

亥，這十二個年份出生的人，可以考慮名字第一個字的筆劃如左，助力較大：

A筆劃數為3、13劃時，人格數分別為11、21劃，五行屬木。

B筆劃數為21劃時，人格數為29劃，五行屬水。

C筆劃數為23劃時，人格數為31劃，五行屬木。

D筆劃數為24劃時，人格數為32劃，五行屬木。

③在戊辰、戊戌、己巳、己亥、庚寅、庚申、辛卯、辛酉、壬子、壬午、癸丑、癸未，這十二個年份出生的人，可以考慮名字第一個字的筆劃如左，助力較大：

A筆劃數為3、13劃時，人格數分別為11、21劃，五行屬木。

B筆劃數為5、15劃時，人格數分別為13、23劃，五行屬火。

C筆劃數為16劃時，人格數為24劃，五行屬火。

④在甲辰、甲戌、乙巳、乙亥、丙寅、丙申、丁卯、丁酉、戊子、戊午、己丑、己未，這十二個年份出生的人，可以考慮名字第一個字的筆劃如左，助力較大：

A筆劃數為5、15劃時，人格數分別為13、23劃，五行屬火。

B筆劃數為16劃時，人格數為24劃，五行屬火。

C筆劃數為7、17劃時，人格數分別為15、25劃，五行屬土。

D筆劃數為8劃時，人格數為16劃，五行屬土。

⑤在丙辰、丙戌、丁巳、丁亥、戊寅、戊申、己卯、己酉、庚子、庚午、辛丑、辛未，這十二個年份出生的人，可以考慮名字第一個字的筆劃如左，助力較大：

A筆劃數為7、17劃時，人格數分別為15、25劃，五行屬土。

B筆劃數為8劃時，人格數為16劃，五行屬土。

C筆劃數為9劃時，人格數為17劃，五行屬金。

D筆劃數為10劃時，人格數為18劃，五行屬金。

(3)弱數只要五行配合得宜，仍然可以選用。

Ⅲ選局配局建議如下：

外格	一	姓	名一	名二	天格	人格	地格	總格
11	一	8	3	10	9	11	13	21
6	一	8	3	5	9	11	8	16
5	一	8	3	4	9	11	7	15
13	一	8	5	12	9	13	17	25
11	一	8	5	10	9	13	15	23
15	一	8	3	14	9	11	17	25
13	一	8	3	12	9	11	15	23
17	一	8	7	16	9	15	23	31
15	一	8	7	14	9	15	21	29
11	一	8	7	10	9	15	17	25
17	一	8	5	16	9	13	21	29
8	一	8	9	7	9	17	16	24
7	一	8	9	6	9	17	15	23
5	一	8	9	4	9	17	13	21
18	一	8	7	17	9	15	24	32

<table>
<tr>
<td>21
一 8 9 20
9 17 29

37</td>
<td>17
一 8 9 16
9 17 25

33</td>
<td>15
一 8 9 14
9 17 23

31</td>
<td>13
一 8 9 12
9 17 21

29</td>
</tr>
<tr>
<td>15
一 8 10 14
9 18 24

32</td>
<td>8
一 8 10 7
9 18 17

25</td>
<td>7
一 8 10 6
9 18 16

24</td>
<td>6
一 8 10 5
9 18 15

23</td>
</tr>
<tr>
<td>11
一 8 13 10
9 21 23

31</td>
<td>5
一 8 13 4
9 21 17

25</td>
<td>20
一 8 10 19
9 18 29

37</td>
<td>16
一 8 10 15
9 18 25

33</td>
</tr>
<tr>
<td>16
一 8 16 15
9 24 31

39</td>
<td>17
一 8 15 16
9 23 31

39</td>
<td>17
一 8 13 16
9 21 29

37</td>
<td>13
一 8 13 12
9 21 25

33</td>
</tr>
</table>

姓氏為九劃的選局秘訣

Ⅰ九劃的姓氏收錄如下：

柴紀約南禹羿柏胥姚涂段柯俞施柳風計昭冠泰官姬後勇封秋咸皇韋查候姜河法眉革宣紅相軒

Ⅱ筆劃選擇法：

⑴當您的姓氏是九劃時，天格必定是十劃，五行屬水。

⑵按照不同的出生年柱，以及所屬的天助五行，個別選擇配局：

①在甲子、甲午、乙丑、乙未、庚辰、庚戌、辛巳、辛亥、壬寅、壬申、癸卯、癸酉，這十二個年份出生的人，可以考慮名字第一個字的筆劃如左，助力較大：

A筆劃數為8劃時，人格數為17劃，五行屬金。

B筆劃數為9劃時，人格數為18劃，五行屬金。

C筆劃數為20劃時，人格數為29劃，五行屬水。

②在甲寅、甲申、乙卯、乙酉、丙子、丙午、丁丑、丁未、壬辰、壬戌、癸巳、癸

亥，這十二個年份出生的人，可以考慮名字第一個字的筆劃如左，助力較大：

A筆劃數為20劃時，人格數為29劃，五行屬水。

B筆劃數為2、12劃時，人格數分別為11、21劃，五行屬木。

③在戊辰、戊戌、己巳、己亥、庚寅、庚申、辛卯、辛酉、壬子、壬午、癸丑、癸未，這十二個年份出生的人，可以考慮名字第一個字的筆劃如左，助力較大：

A筆劃數為2、12劃時，人格數分別為11、21劃，五行屬木。

B筆劃數為4、14劃時，人格數分別為13、23劃，五行屬火。

C筆劃數為15劃時，人格數為24劃，五行屬火。

④在甲辰、甲戌、乙巳、乙亥、丙寅、丙申、丁卯、丁酉、戊子、戊午、己丑、己未，這十二個年份出生的人，可以考慮名字第一個字的筆劃如左，助力較大：

A筆劃數為4、14劃時，人格數分別為13、23劃，五行屬火。

B筆劃數為15劃時，人格數為24劃，五行屬火。

C筆劃數為6、16劃時，人格數分別為15、25劃，五行屬土。

D筆劃數為7劃時，人格數為16劃，五行屬土。

⑤在丙辰、丙戌、丁巳、丁亥、戊寅、戊申、己卯、己酉、庚子、庚午、辛丑、辛未，這十二個年份出生的人，可以考慮名字第一個字的筆劃如左，助力較大：

A筆劃數為6、16劃時，人格數分別為15、25劃，五行屬土。

B筆劃數為7劃時，人格數為16劃，五行屬土。

C筆劃數為8劃時，人格數為17劃，五行屬金。

D筆劃數為9劃時，人格數為18劃，五行屬金。

(3)弱數只要五行配合得宜，仍然可以選用。

Ⅲ選局配局建議如下：

外格	一	姓	名一	名二	天格	人格	地格	總格
7	一	9	2	6	10	11	8	17
6	一	9	2	5	10	11	7	16
5	一	9	2	4	10	11	6	15
21	一	9	4	20	10	13	24	33
13	一	9	4	12	10	13	16	25
3	一	9	4	2	10	13	6	15
15	一	9	2	14	10	11	16	25
16	一	9	8	15	10	17	23	32
8	一	9	8	7	10	17	15	24
18	一	9	6	17	10	15	23	32
11	一	9	6	10	10	15	16	25
15	一	9	9	14	10	18	23	32
8	一	9	9	7	10	18	16	25
7	一	9	9	6	10	18	15	24
17	一	9	8	16	10	17	24	33

11 (一 9 12 10) 10 21 22 31	5 (一 9 12 4) 10 21 16 25	18 (一 9 9 17) 10 18 26 35	16 (一 9 9 15) 10 18 24 33
12 (一 9 15 11) 10 24 26 35	11 (一 9 15 10) 10 24 25 34	11 (一 9 14 10) 10 23 24 33	12 (一 9 12 11) 10 21 23 32
18 (一 9 16 17) 10 25 33 42	17 (一 9 16 16) 10 25 32 41	8 (一 9 16 7) 10 25 23 32	18 (一 9 15 17) 10 24 32 41
20 (一 9 20 19) 10 29 39 48	13 (一 9 20 12) 10 29 32 41	7 (一 9 20 6) 10 29 26 35	5 (一 9 20 4) 10 29 24 33

姓氏為十劃的選局秘訣

Ⅰ十劃的姓氏收錄如下：

夏洪耿桑翁益宮軒祖凌祝家宮班烏貢肥展桐原殷晁秦柏宰容馬修留花徐孫席秘索桀植倉桃袁洛奚高倪時桂唐真師

Ⅱ筆劃選擇法：

(1)當您的姓氏是十劃時，天格必定是十一劃，五行屬木。

(2)按照不同的出生年柱，以及所屬的天助五行，個別選擇配局：

①在甲子、甲午、乙丑、乙未、庚辰、庚戌、辛巳、辛亥、壬寅、壬申、癸卯、癸酉，這十二個年份出生的人，可以考慮名字第一個字的筆劃如左，助力較大：

A筆劃數為19劃時，人格數為29劃，五行屬水。

B筆劃數為7劃時，人格數為17劃，五行屬金。

C筆劃數為8劃時，人格數為18劃，五行屬金。

②在甲寅、甲申、乙卯、乙酉、丙子、丙午、丁丑、丁未、壬辰、壬戌、癸巳、癸

亥，這十二個年份出生的人，可以考慮名字第一個字的筆劃如左，助力較大：

A筆劃數為19劃時，人格數為29劃，五行屬水。

B筆劃數為1、11劃時，人格數分別為11、21劃，五行屬木。

③在戊辰、戊戌、己巳、己亥、庚寅、庚申、辛卯、辛酉、壬子、壬午、癸丑、癸未，這十二個年份出生的人，可以考慮名字第一個字的筆劃如左，助力較大：

A筆劃數為1、11劃時，人格數分別為11、21劃，五行屬木。

B筆劃數為3、13劃時，人格數分別為13、23劃，五行屬火。

C筆劃數為14劃時，人格數為24劃，五行屬火。

④在甲辰、甲戌、乙巳、乙亥、丙寅、丙申、丁卯、丁酉、戊子、戊午、己丑、己未，這十二個年份出生的人，可以考慮名字第一個字的筆劃如左，助力較大：

A筆劃數為3、13劃時，人格數分別為13、23劃，五行屬火。

B筆劃數為14劃時，人格數為24劃，五行屬火。

C筆劃數為5、15劃時，人格數分別為15、25劃，五行屬土。

D筆劃數為6劃時，人格數為16劃，五行屬土。

⑤在丙辰、丙戌、丁巳、丁亥、戊寅、戊申、己卯、己酉、庚子、庚午、辛丑、辛未，這十二個年份出生的人，可以考慮名字第一個字的筆劃如左，助力較大：

A筆劃數為5、15劃時，人格數分別為15、25劃，五行屬土。

B筆劃數為6劃時，人格數為16劃，五行屬土。

C筆劃數為7劃時，人格數為17劃，五行屬金。

D筆劃數為8劃時，人格數為18劃，五行屬金。

(3)弱數只要五行配合得宜，仍然可以選用。

Ⅲ選局配局建議如下：

外格	一	姓	名一	名二	天格	人格	地格	總格
3	一	10	3	2	11	13	5	15
6	一	10	1	5	11	11	6	16
5	一	10	1	4	11	11	5	15
13	一	10	3	12	11	13	15	25
11	一	10	3	10	11	13	13	23
6	一	10	3	5	11	13	8	18
5	一	10	3	4	11	13	7	17
11	一	10	5	10	11	15	15	25
7	一	10	5	6	11	15	11	21
21	一	10	3	20	11	13	23	33
15	一	10	3	14	11	13	17	27
16	一	10	6	15	11	16	21	31
8	一	10	6	7	11	16	13	23
6	一	10	6	5	11	16	11	21
17	一	10	5	16	11	15	21	31

15 (一 10 7 14) 11 17 21 31	7 (一 10 7 6) 11 17 13 23	5 (一 10 7 4) 11 17 11 21	18 (一 10 6 17) 11 16 23 33
5 (一 10 11 4) 11 21 15 25	16 (一 10 8 15) 11 18 23 33	8 (一 10 8 7) 11 18 15 25	17 (一 10 7 16) 11 17 23 33
11 (一 10 13 10) 11 23 23 33	15 (一 10 11 14) 11 21 25 35	13 (一 10 11 12) 11 21 23 33	11 (一 10 11 10) 11 21 21 31
15 (一 10 15 14) 11 25 29 39	11 (一 10 15 10) 11 25 25 35	8 (一 10 14 7) 11 24 21 31	13 (一 10 13 12) 11 23 25 35

姓氏為十一劃的選局秘訣

I 十一劃的姓氏收錄如下：

張梁許章梅胡習鹿宿假康范麥曹崖從商苗尉英崔那巢終常堅密涂崇國庸魚符茅麻荷浦扈寇刑

II 筆劃選擇法：

(1)當您的姓氏是十一劃時，天格必定是十二劃，五行屬木。

(2)按照不同的出生年柱，以及所屬的天助五行，個別選擇配局：

①在甲子、甲午、乙丑、乙未、庚辰、庚戌、辛巳、辛亥、壬寅、壬申、癸卯、癸酉，這十二個年份出生的人，可以考慮名字第一個字的筆劃如左，助力較大：

A筆劃數為18劃時，人格數為29劃，五行屬水。

B筆劃數為6劃時，人格數為17劃，五行屬金。

C筆劃數為7劃時，人格數為18劃，五行屬金。

②在甲寅、甲申、乙卯、乙酉、丙子、丙午、丁丑、丁未、壬辰、壬戌、癸巳、癸

亥，這十二個年份出生的人，可以考慮名字第一個字的筆劃如左，助力較大：

A筆劃數為18劃時，人格數為29劃，五行屬水。

B筆劃數為10劃時，人格數為21劃，五行屬木。

③在戊辰、戊戌、己巳、己亥、庚寅、庚申、辛卯、辛酉、壬子、壬午、癸丑、癸未，這十二個年份出生的人，可以考慮名字第一個字的筆劃如左，助力較大：

A筆劃數為10劃時，人格數為21劃，五行屬木。

B筆劃數為2、12劃時，人格數分別為13、23劃，五行屬火。

C筆劃數為13劃時，人格數為24劃，五行屬火。

④在甲辰、甲戌、乙巳、乙亥、丙寅、丙申、丁卯、丁酉、戊子、戊午、己丑、己未，這十二個年份出生的人，可以考慮名字第一個字的筆劃如左，助力較大：

A筆劃數為2、12劃時，人格數分別為13、23劃，五行屬火。

B筆劃數為13劃時，人格數為24劃，五行屬火。

⑤在丙辰、丙戌、丁巳、丁亥、戊寅、戊申、己卯、己酉、庚子、庚午、辛丑、辛未，這十二個年份出生的人，可以考慮名字第一個字的筆劃如左，助力較大：

A筆劃數為4、14劃時，人格數分別為15、25劃，五行屬土。
B筆劃數為5劃時，人格數為16劃，五行屬土。
C筆劃數為6劃時，人格數為17劃，五行屬金。
D筆劃數為7劃時，人格數為18劃，五行屬金。
(3)弱數只要五行配合得宜，仍然可以選用。

Ⅲ選局配局建議如下：

外格	一	姓	名一	名二	天格	人格	地格	總格
17	一	11	2	16	12	13	18	29
6	一	11	2	5	12	13	7	18
5	一	11	2	4	12	13	6	17
16	一	11	6	15	12	17	21	32
13	一	11	6	12	12	17	18	29
8	一	11	6	7	12	17	13	24
15	一	11	4	14	12	15	18	29
11	一	11	10	10	12	21	20	31
18	一	11	7	17	12	18	24	35
15	一	11	7	14	12	18	21	32
7	一	11	7	6	12	18	13	24
11	一	11	12	10	12	23	22	33
7	一	11	12	6	12	23	18	29
15	一	11	10	14	12	21	24	35
12	一	11	10	11	12	21	21	32

6 一 11 13 5 12 24 18 29	21 一 11 12 20 12 23 32 43	17 一 11 12 16 12 23 28 39	13 一 11 12 12 12 23 24 35
13 一 11 13 12 12 24 25 36	12 一 11 13 11 12 24 24 35	9 一 11 13 8 12 24 21 32	8 一 11 13 7 12 24 20 31
13 一 11 14 12 12 25 26 37	11 一 11 14 10 12 25 24 35	21 一 11 13 20 12 24 33 44	17 一 11 13 16 12 24 29 40
11 一 11 18 10 12 29 28 39	7 一 11 18 6 12 29 24 35	17 一 11 14 16 12 25 30 41	15 一 11 14 14 12 25 28 39

姓氏為十二劃的選局秘訣

Ⅰ十二劃的姓氏收錄如下：

邱彭黃曾傅邵富惠童院項焦舒費閔喻茹鈕盛景荀荊堵雄貴敦開馮朝程喬賀雲越嵇須單強能郘甯淵理堯舜

Ⅱ筆劃選擇法：

(1)當您的姓氏是十二劃時，天格必定是十三劃，五行屬火。

(2)按照不同的出生年柱，以及所屬的天助五行，個別選擇配局：

①在甲子、甲午、乙丑、乙未、庚辰、庚戌、辛巳、辛亥、壬寅、壬申、癸卯、癸酉，這十二個年份出生的人，可以考慮名字第一個字的筆劃如左，助力較大：

A筆劃數為5劃時，人格數為17劃，五行屬金。

B筆劃數為6劃時，人格數為18劃，五行屬金。

C筆劃數為17劃時，人格數為29劃，五行屬水。

②在甲寅、甲申、乙卯、乙酉、丙子、丙午、丁丑、丁未、壬辰、壬戌、癸巳、癸

亥，這十二個年份出生的人，可以考慮名字第一個字的筆劃如左，助力較大：

A筆劃數為9、19劃時，人格數分別為21、31劃，五行屬木。

B筆劃數為20劃時，人格數為32劃，五行屬木。

C筆劃數為17劃時，人格數為29劃，五行屬水。

③在戊辰、戊戌、己巳、己亥、庚寅、庚申、辛卯、辛酉、壬子、壬午、癸丑、癸未，這十二個年份出生的人，可以考慮名字第一個字的筆劃如左，助力較大：

A筆劃數為3、13劃時，人格數分別為15、25劃，五行屬土。

B筆劃數為4劃時，人格數為16劃，五行屬土。

C筆劃數為5劃時，人格數為17劃，五行屬金。

D筆劃數為6劃時，人格數為18劃，五行屬金。

④在甲辰、甲戌、乙巳、乙亥、丙寅、丙申、丁卯、丁酉、戊子、戊午、己丑、己未，這十二個年份出生的人，可以考慮名字第一個字的筆劃如左，助力較大：

A筆劃數為11、21劃時，人格數分別為23、33劃，五行屬火。

B筆劃數為12劃時，人格數為24劃，五行屬火。

C筆劃數為3、13劃時，人格數分別為15、25劃，五行屬土。

D筆劃數為4劃時，人格數為16劃，五行屬土。

⑤在丙辰、丙戌、丁巳、丁亥、戊寅、戊申、己卯、己酉、庚子、庚午、辛丑、辛未，這十二個年份出生的人，可以考慮名字第一個字的筆劃如左，助力較大：

A筆劃數為3、13劃時，人格數分別為15、25劃，五行屬土。

B筆劃數為4劃時，人格數為16劃，五行屬土。

C筆劃數為5劃時，人格數為17劃，五行屬金。

D筆劃數為6劃時，人格數為18劃，五行屬金。

(3)弱數只要五行配合得宜，仍然可以選用。

Ⅲ選局配局建議如下：

外格	一	姓	名一	名二	天格	人格	地格	總格
13	一	12	3	12	13	15	15	27
11	一	12	3	10	13	15	13	25
3	一	12	3	2	13	15	5	17
3	一	12	4	2	13	16	6	18
21	一	12	3	20	13	15	23	35
16	一	12	3	15	13	15	18	30
15	一	12	3	14	13	15	17	29
13	一	12	5	12	13	17	17	29
7	一	12	5	6	13	17	11	23
5	一	12	5	4	13	17	9	21
18	一	12	4	17	13	16	21	33
6	一	12	6	15	13	18	21	33
8	一	12	6	7	13	18	13	25
6	一	12	6	5	13	18	11	23
17	一	12	5	16	13	17	21	33

13 一 12 9 12 13 21 21 33	5 一 12 9 4 13 21 13 25	3 一 12 9 2 13 21 11 23	18 一 12 6 17 13 18 23 35
15 一 12 11 14 13 23 25 37	21 一 12 9 20 13 21 29 41	17 一 12 9 16 13 21 25 37	15 一 12 9 14 13 21 23 35
12 一 12 12 11 13 24 23 35	6 一 12 12 5 13 24 17 29	13 一 12 11 12 13 23 23 35	11 一 12 11 10 13 23 21 33
13 一 12 13 12 13 25 25 37	11 一 12 13 10 13 25 23 35	5 一 12 13 4 13 25 17 29	18 一 12 12 17 13 24 29 41

姓氏為十三劃的選局秘訣

I 十三劃的姓氏收錄如下：

莊游詹楊雷湯雍賈祿幹裘衙督路睦解溫楚虞莫郁嵩琴新湛鉗塗稠椿農經

II 筆劃選擇法：

(1)當您的姓氏是十三劃時，天格必定是十四劃，五行屬火。

(2)按照不同的出生年柱，以及所屬的天助五行，個別選擇配局：

①在甲子、甲午、乙丑、乙未、庚辰、庚戌、辛巳、辛亥、壬寅、壬申、癸卯、癸酉，這十二個年份出生的人，可以考慮名字第一個字的筆劃如左，助力較大：

A筆劃數為4劃時，人格數為17劃，五行屬金。

B筆劃數為5劃時，人格數為18劃，五行屬金。

C筆劃數為16劃時，人格數為29劃，五行屬水。

②在甲寅、甲申、乙卯、乙酉、丙子、丙午、丁丑、丁未、壬辰、壬戌、癸巳、癸亥，這十二個年份出生的人，可以考慮名字第一個字的筆劃如左，助力較大：

A筆劃數為8、18劃時，人格數分別為21、31劃，五行屬木。

B筆劃數為19劃時，人格數為32劃，五行屬木。

C筆劃數為16劃時，人格數為29劃，五行屬水。

③在戊辰、戊戌、己巳、己亥、庚寅、庚申、辛卯、辛酉、壬子、壬午、癸丑、癸未，這十二個年份出生的人，可以考慮名字第一個字的筆劃如左，助力較大：

A筆劃數為8、18劃時，人格數分別為21、31劃，五行屬木。

B筆劃數為19劃時，人格數為32劃，五行屬木。

C筆劃數為10、20劃時，人格數分別為23、33劃，五行屬火。

D筆劃數為11劃時，人格數為24劃，五行屬火。

④在甲辰、甲戌、乙巳、乙亥、丙寅、丙申、丁卯、丁酉、戊子、戊午、己丑、己未，這十二個年份出生的人，可以考慮名字第一個字的筆劃如左，助力較大：

A筆劃數為10、20劃時，人格數分別為23、33劃，五行屬火。

B筆劃數為11劃時，人格數為24劃，五行屬火。

C筆劃數為12、22劃時，人格數分別為25、35劃，五行屬土。

⑤在丙辰、丙戌、丁巳、丁亥、戊寅、戊申、己卯、己酉、庚子、庚午、辛丑、辛未，這十二個年份出生的人，可以考慮名字第一個字的筆劃如左，助力較大：

A筆劃數為2、12劃時，人格數分別為15、25劃，五行屬土。

B筆劃數為3劃時，人格數為16劃，五行屬土。

C筆劃數為4劃時，人格數為17劃，五行屬金。

D筆劃數為5劃時，人格數為18劃，五行屬金。

(3)弱數只要五行配合得宜，仍然可以選用。

Ⅲ選局配局建議如下：

<table>
<tr>
<td>3
一
13
3
2
14
16
5
18</td>
<td>17
一
13
2
16
14
15
18
31</td>
<td>7
一
13
2
6
14
15
8
21</td>
<td>外格
一
姓
名一
名二
天格
人格
地格
總格</td>
</tr>
<tr>
<td>15
一
13
4
14
14
17
18
31</td>
<td>5
一
13
4
4
14
17
8
21</td>
<td>16
一
13
3
15
14
16
18
31</td>
<td>6
一
13
3
5
14
16
8
21</td>
</tr>
<tr>
<td>16
一
13
8
15
14
21
23
36</td>
<td>11
一
13
8
10
14
21
18
31</td>
<td>6
一
13
8
5
14
21
13
26</td>
<td>7
一
13
5
6
14
18
11
24</td>
</tr>
<tr>
<td>17
一
13
10
16
14
23
26
39</td>
<td>13
一
13
10
12
14
23
22
35</td>
<td>7
一
13
10
6
14
23
16
29</td>
<td>17
一
13
8
16
14
21
24
37</td>
</tr>
</table>

<table>
<tr><td>14
一
13
11
13
14 / 24 / 24
37</td><td>8
一
13
11
7
14 / 24 / 18
31</td><td>6
一
13
11
5
14 / 24 / 16
29</td><td>23
一
13
10
22
14 / 23 / 32
45</td></tr>
<tr><td>15
一
13
12
14
14 / 25 / 26
39</td><td>13
一
13
12
12
14 / 25 / 24
37</td><td>7
一
13
12
6
14 / 25 / 18
31</td><td>21
一
13
11
20
14 / 24 / 31
44</td></tr>
<tr><td>13
一
13
16
12
14 / 29 / 28
41</td><td>3
一
13
16
2
14 / 29 / 18
31</td><td>21
一
13
12
20
14 / 25 / 32
45</td><td>18
一
13
12
17
14 / 25 / 29
42</td></tr>
<tr><td>18
一
13
18
17
14 / 31 / 35
48</td><td>15
一
13
18
14
14 / 31 / 32
45</td><td>7
一
13
18
6
14 / 31 / 24
37</td><td>17
一
13
16
16
14 / 29 / 32
45</td></tr>
</table>

姓氏為十四劃的選局秘訣

Ⅰ十四劃的姓氏收錄如下：

廖能赫郤華連韶鳳齊即郗輔通翟僮源慎臧郜郝管趙裴閒壽端造逢臺榮

Ⅱ筆劃選擇法：

(1)當您的姓氏是十四劃時，天格必定是十五劃，五行屬土。

(2)按照不同的出生年柱，以及所屬的天助五行，個別選擇配局：

①在甲子、甲午、乙丑、乙未、庚辰、庚戌、辛巳、辛亥、壬寅、壬申、癸卯、癸酉，這十二個年份出生的人，可以考慮名字第一個字的筆劃如左，助力較大：

A筆劃數為3劃時，人格數為17劃，五行屬金。

B筆劃數為4劃時，人格數為18劃，五行屬金。

C筆劃數為15劃時，人格數為29劃，五行屬水。

②在甲寅、甲申、乙卯、乙酉、丙子、丙午、丁丑、丁未、壬辰、壬戌、癸巳、癸亥，這十二個年份出生的人，可以考慮名字第一個字的筆劃如左，助力較大：

A筆劃數為15劃時，人格數為29劃，五行屬水。
B筆劃數為17劃時，人格數為31劃，五行屬木。
C筆劃數為18劃時，人格數為32劃，五行屬木。

③在戊辰、戊戌、己巳、己亥、庚寅、庚申、辛卯、辛酉、壬子、壬午、癸丑、癸未，這十二個年份出生的人，可以考慮名字第一個字的筆劃如左，助力較大：

A筆劃數為9劃時，人格數為23劃，五行屬火。
B筆劃數為10劃時，人格數為24劃，五行屬火。
C筆劃數為7、17劃時，人格數分別為21、31劃，五行屬木。
D筆劃數為18劃時，人格數為32劃，五行屬木。

④在甲辰、甲戌、乙巳、乙亥、丙寅、丙申、丁卯、丁酉、戊子、戊午、己丑、己未，這十二個年份出生的人，可以考慮名字第一個字的筆劃如左，助力較大：

A筆劃數為9、19劃時，人格數分別為23、33劃，五行屬火。
B筆劃數為10劃時，人格數為24劃，五行屬火。
C筆劃數為11、21劃時，人格數分別為25、35劃，五行屬土。

⑤在丙辰、丙戌、丁巳、丁亥、戊寅、戊申、己卯、己酉、庚子、庚午、辛丑、辛未，這十二個年份出生的人，可以考慮名字第一個字的筆劃如左，助力較大：

A筆劃數為11、21劃時，人格數分別為25、35劃，五行屬土。

B筆劃數為3劃時，人格數為17劃，五行屬金。

C筆劃數為4劃時，人格數為18劃，五行屬金。

(3)弱數只要五行配合得宜，仍然可以選用。

Ⅲ選局配局建議如下：

外格	一	姓	名一	名二	天格	人格	地格	總格
17	一	14	2	16	15	16	18	32
16	一	14	2	15	15	16	17	31
6	一	14	2	5	15	16	7	21
21	一	14	3	20	15	17	23	37
16	一	14	3	15	15	17	18	32
15	一	14	3	14	15	17	17	31
13	一	14	3	12	15	17	15	29
15	一	14	7	14	15	21	21	35
11	一	14	7	10	15	21	17	31
18	一	14	4	17	15	18	21	35
15	一	14	4	14	15	18	18	32
17	一	14	9	16	15	23	25	39
15	一	14	9	14	15	23	23	37
7	一	14	9	6	15	23	15	29
3	一	14	9	2	15	23	11	25

15 （一 ⑭ ⑩ ⑭） 15 24 25 38	14 （一 ⑭ ⑩ ⑬） 15 24 23 37	8 （一 ⑭ ⑩ ⑦） 15 24 17 31	6 （一 ⑭ ⑩ ⑤） 15 24 15 29
11 （一 ⑭ ⑪ ⑩） 15 25 21 35	8 （一 ⑭ ⑪ ⑦） 15 25 18 32	7 （一 ⑭ ⑪ ⑥） 15 25 17 31	16 （一 ⑭ ⑩ ⑮） 15 24 25 39
7 （一 ⑭ ⑮ ⑥） 15 29 21 35	17 （一 ⑭ ⑪ ⑯） 15 25 27 41	15 （一 ⑭ ⑪ ⑭） 15 25 25 39	13 （一 ⑭ ⑪ ⑫） 15 25 23 37
13 （一 ⑭ ⑲ ⑫） 15 33 31 45	11 （一 ⑭ ⑲ ⑩） 15 33 29 43	17 （一 ⑭ ⑮ ⑯） 15 29 31 45	11 （一 ⑭ ⑮ ⑩） 15 29 25 39

姓氏為十五劃的選局秘訣

Ⅰ十五劃的姓氏收錄如下：

郭葉葛歐董劉陝頡厲樂魯賢墨養閭樊諒廣審摯萬談黎滿

Ⅱ筆劃選擇法：

⑴當您的姓氏是十五劃時，天格必定是十六劃，五行屬土。

⑵按照不同的出生年柱，以及所屬的天助五行，個別選擇配局：

①在甲子、甲午、乙丑、乙未、庚辰、庚戌、辛巳、辛亥、壬寅、壬申、癸卯、癸酉，這十二個年份出生的人，可以考慮名字第一個字的筆劃如左，助力較大：

A筆劃數為2劃時，人格數為17劃，五行屬金。

B筆劃數為3劃時，人格數為18劃，五行屬金。

C筆劃數為14劃時，人格數為29劃，五行屬水。

②在甲寅、甲申、乙卯、乙酉、丙子、丙午、丁丑、丁未、壬辰、壬戌、癸巳、癸亥，這十二個年份出生的人，可以考慮名字第一個字的筆劃如左，助力較大：

A筆劃數為14劃時，人格數為29劃，五行屬水。

B筆劃數為6、16劃時，人格數分別為21、31劃，五行屬木。

C筆劃數為17劃時，人格數為32劃，五行屬木。

③在戊辰、戊戌、己巳、己亥、庚寅、庚申、辛卯、辛酉、壬子、壬午、癸丑、癸未，這十二個年份出生的人，可以考慮名字第一個字的筆劃如左，助力較大：

A筆劃數為6、16劃時，人格數分別為21、31劃，五行屬木。

B筆劃數為17劃時，人格數為32劃，五行屬木。

C筆劃數為8、18劃時，人格數分別為23、33劃，五行屬火。

D筆劃數為9劃時，人格數為24劃，五行屬火。

④在甲辰、甲戌、乙巳、乙亥、丙寅、丙申、丁卯、丁酉、戊子、戊午、己丑、己未，這十二個年份出生的人，可以考慮名字第一個字的筆劃如左，助力較大：

A筆劃數為8、18劃時，人格數分別為23、33劃，五行屬火。

B筆劃數為9劃時，人格數為24劃，五行屬火。

C筆劃數為10、20劃時，人格數分別為25、35劃，五行屬土。

⑤在丙辰、丙戌、丁巳、丁亥、戊寅、戊申、己卯、己酉、庚子、庚午、辛丑、辛未，這十二個年份出生的人，可以考慮名字第一個字的筆劃如左，助力較大：

A筆劃數為10、20劃時，人格數分別為25、35劃，五行屬土。

B筆劃數為2、22劃時，人格數分別為17、37劃，五行屬金。

C筆劃數為3劃時，人格數為18劃，五行屬金。

(3)弱數只要五行配合得宜，仍然可以選用。

Ⅲ選局配局建議如下：

15 (一,15,2,14) 16,17,16 總31	7 (一,15,2,6) 16,17,8 總23	5 (一,15,2,4) 16,17,6 總21	外格 (一,姓,名一,名二) 天格,人格,地格 總格
11 (一,15,8,10) 16,23,18 總33	13 (一,15,6,12) 16,21,18 總33	11 (一,15,6,10) 16,21,16 總31	17 (一,15,2,16) 16,17,18 總33
13 (一,15,9,12) 16,24,21 總36	8 (一,15,9,7) 16,24,16 總31	15 (一,15,8,16) 16,23,24 總39	15 (一,15,8,14) 16,23,22 總37
7 (一,15,10,6) 16,25,16 總31	24 (一,15,9,23) 16,24,32 總47	18 (一,15,9,17) 16,24,26 總41	16 (一,15,9,15) 16,24,24 總39

15 一 15 10 14 16 25 24 39	13 一 15 10 12 16 25 22 37	11 一 15 10 10 16 25 20 35	8 一 15 10 7 16 25 17 32
11 一 15 14 10 16 29 24 39	8 一 15 14 7 16 29 21 36	7 一 15 14 6 16 29 20 35	17 一 15 10 16 16 25 26 41
8 一 15 16 7 16 31 23 38	17 一 15 14 18 16 29 32 47	17 一 15 14 16 16 29 30 45	15 一 15 14 14 16 29 28 43
16 一 15 22 15 16 37 37 52	5 一 15 20 4 16 35 24 39	8 一 15 17 7 16 32 24 39	15 一 15 16 14 16 31 30 45

姓氏為十六劃的選局秘訣

Ⅰ十六劃的姓氏收錄如下：

陳龍陸陶潘盧穎賴運諸閻稽燕穆融都錫錢鮑駱橋

Ⅱ筆劃選擇法：

⑴當您的姓氏是十六劃時，天格必定是十七劃，五行屬金。

⑵按照不同的出生年柱，以及所屬的天助五行，個別選擇配局：

①在甲子、甲午、乙丑、乙未、庚辰、庚戌、辛巳、辛亥、壬寅、壬申、癸卯、癸酉，這十二個年份出生的人，可以考慮名字第一個字的筆劃如左，助力較大：

A筆劃數為1、21劃時，人格數分別為17、37劃，五行屬金。

B筆劃數為2劃時，人格數為18劃，五行屬金。

C筆劃數為13、23劃時，人格數分別為29、39劃，五行屬水。

②在甲寅、甲申、乙卯、乙酉、丙子、丙午、丁丑、丁未、壬辰、壬戌、癸巳、癸亥，這十二個年份出生的人，可以考慮名字第一個字的筆劃如左，助力較大：

A筆劃數為13、23劃時，人格數分別為29、39劃，五行屬水。
B筆劃數為5、15劃時，人格數分別為21、31劃，五行屬木。
C筆劃數為16劃時，人格數為32劃，五行屬木。

③在戊辰、戊戌、己巳、己亥、庚寅、庚申、辛卯、辛酉、壬子、壬午、癸丑、癸未，這十二個年份出生的人，可以考慮名字第一個字的筆劃如左，助力較大：

A筆劃數為5、15劃時，人格數分別為21、31劃，五行屬木。
B筆劃數為16劃時，人格數為32劃，五行屬木。
C筆劃數為7、17劃時，人格數分別為23、33劃，五行屬火。
D筆劃數為8劃時，人格數為24劃，五行屬火。

④在甲辰、甲戌、乙巳、乙亥、丙寅、丙申、丁卯、丁酉、戊子、戊午、己丑、己未，這十二個年份出生的人，可以考慮名字第一個字的筆劃如左，助力較大：

A筆劃數為7、17劃時，人格數分別為23、33劃，五行屬火。
B筆劃數為8劃時，人格數為24劃，五行屬火。
C筆劃數為9、19劃時，人格數分別為25、35劃，五行屬土。

⑤在丙辰、丙戌、丁巳、丁亥、戊寅、戊申、己卯、己酉、庚子、庚午、辛丑、辛未，這十二個年份出生的人，可以考慮名字第一個字的筆劃如左，助力較大：

A筆劃數為9、19劃時，人格數分別為25、35劃，五行屬土。

B筆劃數為1、21劃時，人格數分別為17、37劃，五行屬金。

C筆劃數為2劃時，人格數為18劃，五行屬金。

(3)弱數只要五行配合得宜，仍然可以選用。

Ⅲ選局配局建議如下：

外格	姓名	天格/人格/地格	總格
15	一 16 1 14	17 17 15	31
7	一 16 1 6	17 17 17	23
5	一 16 1 4	17 17 5	21
外格	一 姓 名一 名二	天格 人格 地格	總格
16	一 16 2 15	17 18 17	33
15	一 16 2 14	17 18 16	32
6	一 16 2 5	17 18 7	23
16	一 16 1 15	17 17 16	32
21	一 16 5 20	17 21 25	41
17	一 16 5 16	17 21 21	37
13	一 16 5 12	17 21 17	33
11	一 16 5 10	17 21 15	31
6	一 16 8 5	17 24 13	29
17	一 16 7 16	17 23 23	39
15	一 16 7 14	17 23 21	37
11	一 16 7 10	17 23 17	33

Left box	Circles	Right boxes	Total
5	一, 16, 9, 4	17, 25, 13	29
18	一, 16, 8, 17	17, 24, 25	41
16	一, 16, 8, 15	17, 24, 23	39
8	一, 16, 8, 7	17, 24, 15	31
15	一, 16, 9, 14	17, 25, 23	39
13	一, 16, 9, 12	17, 25, 21	37
8	一, 16, 9, 7	17, 25, 16	32
7	一, 16, 9, 6	17, 25, 15	31
13	一, 16, 13, 12	17, 29, 25	41
11	一, 16, 13, 10	17, 29, 23	39
5	一, 16, 13, 4	17, 29, 17	33
17	一, 16, 9, 16	17, 25, 25	41
16	一, 16, 16, 15	17, 32, 31	47
8	一, 16, 16, 7	17, 32, 23	39
18	一, 16, 15, 17	17, 31, 32	48
17	一, 16, 15, 16	17, 31, 31	47

姓氏為十七劃的選局秘訣

Ⅰ十七劃的姓氏收錄如下：

蔡陽營鄔襄應蔣蔚轅賽韓鍾優鴻臨鄒謝勵翼

Ⅱ筆劃選擇法：

⑴當您的姓氏是十七劃時，天格必定是十八劃，五行屬金。

⑵按照不同的出生年柱，以及所屬的天助五行，個別選擇配局：

①在甲子、甲午、乙丑、乙未、庚辰、庚戌、辛巳、辛亥、壬寅、壬申、癸卯、癸酉，這十二個年份出生的人，可以考慮名字第一個字的筆劃如左，助力較大：

A筆劃數為1劃時，人格數為18劃，五行屬金。

B筆劃數為12、22劃時，人格數分別為29、39劃，五行屬水。

②在甲寅、甲申、乙卯、乙酉、丙子、丙午、丁丑、丁未、壬辰、壬戌、癸巳、癸亥，這十二個年份出生的人，可以考慮名字第一個字的筆劃如左，助力較大：

A筆劃數為12、22劃時，人格數分別為29、39劃，五行屬水。

B筆劃數為4、14劃時，人格數分別為21、31劃，五行屬木。

C筆劃數為15劃時，人格數為32劃，五行屬木。

③在戊辰、戊戌、己巳、己亥、庚寅、庚申、辛卯、辛酉、壬子、壬午、癸丑、癸未，這十二個年份出生的人，可以考慮名字第一個字的筆劃如左，助力較大：

A筆劃數為4、14劃時，人格數分別為21、31劃，五行屬木。

B筆劃數為15劃時，人格數為32劃，五行屬木。

C筆劃數為6、16劃時，人格數分別為23、33劃，五行屬火。

④在甲辰、甲戌、乙巳、乙亥、丙寅、丙申、丁卯、丁酉、戊子、戊午、己丑、己未，這十二個年份出生的人，可以考慮名字第一個字的筆劃如左，助力較大：

A筆劃數為6、16劃時，人格數分別為23、33劃，五行屬火。

B筆劃數為8、18劃時，人格數分別為25、35劃，五行屬土。

⑤在丙辰、丙戌、丁巳、丁亥、戊寅、戊申、己卯、己酉、庚子、庚午、辛丑、辛未，這十二個年份出生的人，可以考慮名字第一個字的筆劃如左，助力較大：

A筆劃數為8、18劃時，人格數分別為25、35劃，五行屬土。

B筆劃數為1劃時，人格數為18劃，五行屬金。

(3)弱數只要五行配合得宜，仍然可以選用。

Ⅲ選局配局建議如下：

外格	一	姓	名一	名二	天格	人格	地格	總格
8	一	17	1	7	18	18	8	25
7	一	17	1	6	18	18	7	24
6	一	17	1	5	18	18	6	23
15	一	17	4	14	18	21	18	35
13	一	17	4	12	18	21	16	33
15	一	17	4	10	18	21	14	31
16	一	17	1	15	18	18	16	33
9	一	17	8	8	18	25	16	33
8	一	17	8	7	18	25	15	32
16	一	17	7	15	18	24	22	39
6	一	17	7	5	18	24	12	29
11	一	17	12	10	18	29	22	39
7	一	17	12	6	18	29	18	35
17	一	17	8	16	18	25	24	41
11	一	17	8	10	18	25	18	35

13 一 17 14 12 18 31 26 43	11 一 17 14 10 18 31 24 41	5 一 17 14 4 18 31 18 35	17 一 17 12 16 18 29 28 45
16 一 17 15 15 18 32 30 47	10 一 17 15 9 18 32 24 41	8 一 17 15 7 18 32 22 39	18 一 17 14 17 18 31 31 48
7 一 17 18 6 18 35 24 41	16 一 17 16 15 18 33 31 48	13 一 17 16 12 18 33 28 45	17 一 17 15 16 18 32 31 48
11 一 17 22 10 18 39 32 49	16 一 17 20 15 18 37 35 52	5 一 17 20 4 18 37 24 41	18 一 17 18 17 18 35 35 52

姓氏為十八劃的選局秘訣

I 十八劃的姓氏收錄如下：

簡闕聶豐環繞濟蕭鄞魏顏儲戴瞿龐隗禮

II 筆劃選擇法：

(1)當您的姓氏是十八劃時，天格必定是十九劃，五行屬水。

(2)按照不同的出生年柱，以及所屬的天助五行，個別選擇配局：

①在甲子、甲午、乙丑、乙未、庚辰、庚戌、辛巳、辛亥、壬寅、壬申、癸卯、癸酉，這十二個年份出生的人，可以考慮名字第一個字的筆劃如左，助力較大：

A筆劃數為19劃時，人格數為37劃，五行屬金。

B筆劃數為11、21劃時，人格數分別為29、39劃，五行屬水。

②在甲寅、甲申、乙卯、乙酉、丙子、丙午、丁丑、丁未、壬辰、壬戌、癸巳、癸亥，這十二個年份出生的人，可以考慮名字第一個字的筆劃如左，助力較大：

A筆劃數為11、21劃時，人格數分別為29、39劃，五行屬水。

B筆劃數為3、13劃時，人格數分別為21、31劃，五行屬木。

C筆劃數為14劃時，人格數為32劃，五行屬木。

③在戊辰、戊戌、己巳、己亥、庚寅、庚申、辛卯、辛酉、壬子、壬午、癸丑、癸未，這十二個年份出生的人，可以考慮名字第一個字的筆劃如左，助力較大：

A筆劃數為3、13劃時，人格數分別為21、31劃，五行屬木。

B筆劃數為14劃時，人格數為32劃，五行屬木。

④在甲辰、甲戌、乙巳、乙亥、丙寅、丙申、丁卯、丁酉、戊子、戊午、己丑、己未，這十二個年份出生的人，可以考慮名字第一個字的筆劃如左，助力較大：

A筆劃數為5、15劃時，人格數分別為23、33劃，五行屬火。

B筆劃數為6劃時，人格數為24劃，五行屬火。

C筆劃數為7、17劃時，人格數分別為25、35劃，五行屬土。

⑤在丙辰、丙戌、丁巳、丁亥、戊寅、戊申、己卯、己酉、庚子、庚午、辛丑、辛未，這十二個年份出生的人，可以考慮名字第一個字的筆劃如左，助力較大：

A筆劃數為7、17劃時，人格數分別為25、35劃，五行屬土。

B筆劃數為19劃時，人格數為37劃，五行屬金。

(3)弱數只要五行配合得宜，仍然可以選用。

Ⅲ選局配局建議如下：

外格	一	姓	名一	名二	天格	人格	地格	總格
9	一	18	3	8	19	21	11	29
5	一	18	3	4	19	21	7	25
3	一	18	3	2	19	21	5	23
11	一	18	5	10	19	23	15	33
16	一	18	3	15	19	21	18	36
13	一	18	3	12	19	21	15	33
11	一	18	3	10	19	21	13	31
7	一	18	7	6	19	25	13	31
21	一	18	5	20	19	23	25	43
17	一	18	5	16	19	23	21	39
13	一	18	5	12	19	23	17	35
17	一	18	7	16	19	25	23	41
15	一	18	7	14	19	25	21	39
11	一	18	7	10	19	25	17	35
8	一	18	7	7	19	25	14	32

19 一 18 11 18 19 29 29 47	17 一 18 11 16 19 29 27 45	11 一 18 11 10 19 29 21 39	7 一 18 11 6 19 29 17 35
13 一 18 13 12 19 31 25 43	11 一 18 13 10 19 31 23 41	9 一 18 13 8 19 31 21 39	3 一 18 13 2 19 31 15 33
16 一 18 14 15 19 32 29 47	12 一 18 14 11 19 32 15 43	8 一 18 14 7 19 32 21 39	17 一 18 13 16 19 31 29 47
7 一 18 17 6 19 35 23 41	15 一 18 15 14 19 33 29 47	7 一 18 15 6 19 33 21 39	18 一 18 14 17 19 32 31 49

姓氏為十九劃的選局秘訣

I 十九劃的姓氏收錄如下：

鄭譚鄧薛關薄禰

II 筆劃選擇法：

⑴當您的姓氏是十九劃時，天格必定是二十劃，五行屬水。

⑵按照不同的出生年柱，以及所屬的天助五行，個別選擇配局：

①在甲子、甲午、乙丑、乙未、庚辰、庚戌、辛巳、辛亥、壬寅、壬申、癸卯、癸酉，這十二個年份出生的人，可以考慮名字第一個字的筆劃如左，助力較大：

A筆劃數為10、20劃時，人格數分別為29、39劃，五行屬水。

B筆劃數為18劃時，人格數為37劃，五行屬金。

②在甲寅、甲申、乙卯、乙酉、丙子、丙午、丁丑、丁未、壬辰、壬戌、癸巳、癸亥，這十二個年份出生的人，可以考慮名字第一個字的筆劃如左，助力較大：

A筆劃數為10、20劃時，人格數分別為29、39劃，五行屬水。

B筆劃數為2、12劃時，人格數分別為21、31劃，五行屬木。

C筆劃數為22劃時，人格數為41劃，五行屬木。

D筆劃數為13劃時，人格數為32劃，五行屬木。

③在戊辰、戊戌、己巳、己亥、庚寅、庚申、辛卯、辛酉、壬子、壬午、癸丑、癸未，這十二個年份出生的人，可以考慮名字第一個字的筆劃如左，助力較大：

A筆劃數為2、12劃時，人格數分別為21、31劃，五行屬木。

B筆劃數為22劃時，人格數為41劃，五行屬木。

C筆劃數為13劃時，人格數為32劃，五行屬木。

D筆劃數為4、14劃時，人格數分別為23、33劃，五行屬火。

④在甲辰、甲戌、乙巳、乙亥、丙寅、丙申、丁卯、丁酉、戊子、戊午、己丑、己未，這十二個年份出生的人，可以考慮名字第一個字的筆劃如左，助力較大：

A筆劃數為4、14劃時，人格數分別為23、33劃，五行屬火。

B筆劃數為5劃時，人格數為24劃，五行屬火。

C筆劃數為6、16劃時，人格數分別為25、35劃，五行屬土。

⑤在丙辰、丙戌、丁巳、丁亥、戊寅、戊申、己卯、己酉、庚子、庚午、辛丑、辛未，這十二個年份出生的人，可以考慮名字第一個字的筆劃如左，助力較大：

A筆劃數為6、16劃時，人格數分別為25、35劃，五行屬土。

B筆劃數為18劃時，人格數為37劃，五行屬金。

(3)弱數只要五行配合得宜，仍然可以選用。

Ⅲ選局配局建議如下：

15 一 (19) (2) (14) 20 21 16 35	11 一 (19) (2) (10) 20 21 12 31	5 一 (19) (2) (4) 20 21 6 25	外格 一 (姓) (名一) (名二) 天格 人格 地格 總格
23 一 (19) (4) (22) 20 23 26 45	15 一 (19) (4) (14) 20 23 18 37	13 一 (19) (4) (12) 20 23 16 35	11 一 (19) (4) (10) 20 23 14 33
18 一 (19) (6) (17) 20 25 23 42	13 一 (19) (6) (12) 20 25 18 37	11 一 (19) (6) (10) 20 25 16 35	8 一 (19) (6) (7) 20 25 13 32
15 一 (19) (10) (14) 20 29 24 43	13 一 (19) (10) (12) 20 29 22 41	9 一 (19) (10) (8) 20 29 18 37	7 一 (19) (10) (6) 20 29 16 35

15 一 19 12 14 20 31 26 45	13 一 19 12 12 20 31 24 43	11 一 19 12 10 20 31 22 41	5 一 19 12 4 20 31 16 35
13 一 19 13 12 20 32 25 44	11 一 19 13 10 20 32 23 42	6 一 19 13 5 20 32 18 37	18 一 19 12 17 20 31 29 48
11 一 19 14 10 20 33 24 43	5 一 19 14 4 20 33 18 37	21 一 19 13 20 20 32 33 52	17 一 19 13 16 20 32 29 48
7 一 19 20 6 20 39 26 45	8 一 19 16 17 20 35 33 52	8 一 19 16 7 20 35 23 42	16 一 19 14 15 20 33 29 48

姓氏為二十劃的選局秘訣

I二十劃的姓氏收錄如下：

釋羅嚴藍黨竇懷籍

II筆劃選擇法：

(1)當您的姓氏是二十劃時，天格必定是二十一劃，五行屬木。

(2)按照不同的出生年柱，以及所屬的天助五行，個別選擇配局：

①在甲子、甲午、乙丑、乙未、庚辰、庚戌、辛巳、辛亥、壬寅、壬申、癸卯、癸酉，這十二個年份出生的人，可以考慮名字第一個字的筆劃如左，助力較大：

A筆劃數為17劃時，人格數為37劃，五行屬金。

B筆劃數為9、19劃時，人格數分別為29、39劃，五行屬水。

②在甲寅、甲申、乙卯、乙酉、丙子、丙午、丁丑、丁未、壬辰、壬戌、癸巳、癸亥，這十二個年份出生的人，可以考慮名字第一個字的筆劃如左，助力較大：

A筆劃數為9、19劃時，人格數分別為29、39劃，五行屬水。

B筆劃數為1、11劃時，人格數分別為21、31劃，五行屬木。

C筆劃數為21劃時，人格數為41劃，五行屬木。

D筆劃數為12劃時，人格數為32劃，五行屬木。

③在戊辰、戊戌、己巳、己亥、庚寅、庚申、辛卯、辛酉、壬子、壬午、癸丑、癸未，這十二個年份出生的人，可以考慮名字第一個字的筆劃如左，助力較大：

A筆劃數為1、11劃時，人格數分別為21、31劃，五行屬木。

B筆劃數為12劃時，人格數為32劃，五行屬木。

C筆劃數為3、13劃時，人格數分別為23、33劃，五行屬火。

D筆劃數為4劃時，人格數為24劃，五行屬火。

④在甲辰、甲戌、乙巳、乙亥、丙寅、丙申、丁卯、丁酉、戊子、戊午、己丑、己未，這十二個年份出生的人，可以考慮名字第一個字的筆劃如左，助力較大：

A筆劃數為3、13劃時，人格數分別為23、33劃，五行屬火。

B筆劃數為4劃時，人格數為24劃，五行屬火。

C筆劃數為5、15劃時，人格數分別為25、35劃，五行屬土。

⑤在丙辰、丙戌、丁巳、丁亥、戊寅、戊申、己卯、己酉、庚子、庚午、辛丑、辛未，這十二個年份出生的人，可以考慮名字第一個字的筆劃如左，助力較大：

A筆劃數為5、15劃時，人格數分別為25、35劃，五行屬土。

B筆劃數為17劃時，人格數為37劃，五行屬金。

(3)弱數只要五行配合得宜，仍然可以選用。

Ⅲ選局配局建議如下：

3 一 20 3 2 21 23 5 25	21 一 20 1 20 21 21 21 41	11 一 20 1 10 21 21 11 31	外格 一 姓 名一 名二 天格 人格 地格 總格
23 一 20 3 22 21 23 25 45	15 一 20 3 14 21 23 17 37	13 一 20 3 12 21 23 15 35	11 一 20 3 10 21 23 13 33
17 一 20 5 16 21 25 21 41	13 一 20 5 12 21 25 17 37	11 一 20 5 10 21 25 15 35	7 一 20 5 6 21 25 11 31
15 一 20 9 14 21 29 23 43	13 一 20 9 12 21 29 21 41	9 一 20 9 8 21 29 17 37	21 一 20 5 20 21 25 25 45

5 一 20 11 4 21 31 15 35	3 一 20 11 2 21 31 13 33	21 一 20 9 20 21 29 29 49	17 一 20 9 16 21 29 25 45
15 一 20 11 14 21 31 25 45	13 一 20 11 12 21 31 23 43	11 一 20 11 10 21 31 21 41	7 一 20 11 6 21 31 17 37
3 一 20 13 2 21 33 15 35	21 一 20 12 20 21 32 32 52	10 一 20 12 9 21 32 21 41	6 一 20 12 5 21 32 17 37
18 一 20 15 17 21 35 32 52	11 一 20 15 10 21 35 25 45	13 一 20 13 12 21 33 25 45	11 一 20 13 10 21 33 23 43

姓氏為二十一劃的選局秘訣

Ⅰ二十一劃的姓氏收錄如下：

顧鐵饒瓏巍

Ⅱ筆劃選擇法：

(1)當您的姓氏是二十一劃時，天格必定是二十二劃，五行屬木。

(2)按照不同的出生年柱，以及所屬的天助五行，個別選擇配局：

①在甲子、甲午、乙丑、乙未、庚辰、庚戌、辛巳、辛亥、壬寅、壬申、癸卯、癸酉，這十二個年份出生的人，可以考慮名字第一個字的筆劃如左，助力較大：

A筆劃數為16劃時，人格數為37劃，五行屬金。

B筆劃數為8、18劃時，人格數分別為29、39劃，五行屬水。

②在甲寅、甲申、乙卯、乙酉、丙子、丙午、丁丑、丁未、壬辰、壬戌、癸巳、癸亥，這十二個年份出生的人，可以考慮名字第一個字的筆劃如左，助力較大：

A筆劃數為8、18劃時，人格數分別為29、39劃，五行屬水。

B筆劃數為10、20劃時，人格數分別為31、41劃，五行屬木。

C筆劃數為11劃時，人格數為32劃，五行屬木。

③在戊辰、戊戌、己巳、己亥、庚寅、庚申、辛卯、辛酉、壬子、壬午、癸丑、癸未，這十二個年份出生的人，可以考慮名字第一個字的筆劃如左，助力較大：

A筆劃數為10、20劃時，人格數分別為31、41劃，五行屬木。

B筆劃數為11劃時，人格數為32劃，五行屬木。

④在甲辰、甲戌、乙巳、乙亥、丙寅、丙申、丁卯、丁酉、戊子、戊午、己丑、己未，這十二個年份出生的人，可以考慮名字第一個字的筆劃如左，助力較大：

A筆劃數為3劃時，人格數為24劃，五行屬火。

B筆劃數為4、14劃時，人格數分別為25、35劃，五行屬土。

⑤在丙辰、丙戌、丁巳、丁亥、戊寅、戊申、己卯、己酉、庚子、庚午、辛丑、辛未，這十二個年份出生的人，可以考慮名字第一個字的筆劃如左，助力較大：

A筆劃數為4、14劃時，人格數分別為25、35劃，五行屬土。

B筆劃數為16劃時，人格數為37劃，五行屬金。

(3)弱數只要五行配合得宜，仍然可以選用。

Ⅲ選局配局建議如下：

15 一 21 2 14 22 23 16 37	13 一 21 2 12 22 23 14 35	11 一 21 2 10 22 23 12 33	外格 一 姓 名一 名二 天格 人格 地格 總格
13 一 21 3 12 22 24 15 36	11 一 21 3 10 22 24 13 34	6 一 21 3 5 22 24 8 29	17 一 21 2 16 22 23 18 39
11 一 21 8 10 22 29 18 39	8 一 21 4 7 22 25 11 32	5 一 21 4 4 22 25 8 29	16 一 21 3 15 22 24 18 39
8 一 21 10 7 22 31 17 38	7 一 21 10 6 22 31 16 37	5 一 21 10 4 22 31 14 35	17 一 21 8 16 22 29 24 45

11 (一 21 11 10) 22 32 21 42	8 (一 21 11 7) 22 32 18 39	6 (一 21 11 5) 22 32 16 37	15 (一 21 10 14) 22 31 24 45
13 (一 21 12 12) 22 33 24 45	5 (一 21 12 6) 22 33 18 39	5 (一 21 12 4) 22 33 16 37	21 (一 21 11 20) 22 32 31 52
18 (一 21 14 17) 22 35 31 52	11 (一 21 14 10) 22 35 24 45	5 (一 21 14 4) 22 35 18 39	3 (一 21 14 2) 22 35 16 37
21 (一 21 20 20) 22 41 40 61	5 (一 21 20 4) 22 41 24 45	14 (一 21 18 13) 22 39 31 52	7 (一 21 18 6) 22 39 24 45

姓氏為二十二劃的選局秘訣

Ⅰ二十二劃的姓氏收錄如下：

蘇龔藺權

Ⅱ筆劃選擇法：

(1)當您的姓氏是二十二劃時，天格必定是二十三劃，五行屬火。

(2)按照不同的出生年柱，以及所屬的天助五行，個別選擇配局：

①在甲子、甲午、乙丑、乙未、庚辰、庚戌、辛巳、辛亥、壬寅、壬申、癸卯、癸酉，這十二個年份出生的人，可以考慮名字第一個字的筆劃如左，助力較大：

A筆劃數為15劃時，人格數為37劃，五行屬金。

B筆劃數為7、17劃時，人格數分別為29、39劃，五行屬水。

②在甲寅、甲申、乙卯、乙酉、丙子、丙午、丁丑、丁未、壬辰、壬戌、癸巳、癸亥，這十二個年份出生的人，可以考慮名字第一個字的筆劃如左，助力較大：

A筆劃數為7、17劃時，人格數分別為29、39劃，五行屬水。

B筆劃數為9、19劃時，人格數分別為31、41劃，五行屬木。

C筆劃數為10劃時，人格數為32劃，五行屬木。

③在戊辰、戊戌、己巳、己亥、庚寅、庚申、辛卯、辛酉、壬子、壬午、癸丑、癸未，這十二個年份出生的人，可以考慮名字第一個字的筆劃如左，助力較大：

A筆劃數為9、19劃時，人格數分別為31、41劃，五行屬木。

B筆劃數為10劃時，人格數為32劃，五行屬木。

④在甲辰、甲戌、乙巳、乙亥、丙寅、丙申、丁卯、丁酉、戊子、戊午、己丑、己未，這十二個年份出生的人，可以考慮名字第一個字的筆劃如左，助力較大：

A筆劃數為1、11劃時，人格數分別為23、33劃，五行屬火。

B筆劃數為2劃時，人格數為24劃，五行屬火。

C筆劃數為3、13劃時，人格數分別為25、35劃，五行屬土。

⑤在丙辰、丙戌、丁巳、丁亥、戊寅、戊申、己卯、己酉、庚子、庚午、辛丑、辛未，這十二個年份出生的人，可以考慮名字第一個字的筆劃如左，助力較大：

A筆劃數為3、13劃時，人格數分別為25、35劃，五行屬土。

B筆劃數為15劃時，人格數為37劃，五行屬金。

(3)弱數只要五行配合得宜，仍然可以選用。

Ⅲ選局配局建議如下：

外格	一	姓	名一	名二	天格	人格	地格	總格
5	一	22	3	4	23	25	7	29
16	一	22	2	15	23	24	17	39
6	一	22	2	5	23	24	7	29
17	一	22	3	16	23	25	19	41
16	一	22	3	15	23	25	18	40
13	一	22	3	12	23	25	15	37
11	一	22	3	10	23	25	13	35
11	一	22	7	10	23	29	17	39
7	一	22	7	6	23	29	13	35
5	一	22	7	4	23	29	11	33
21	一	22	3	20	23	25	23	45
8	一	22	9	7	23	31	16	38
7	一	22	9	6	23	31	15	37
5	一	22	9	4	23	31	13	35
17	一	22	7	16	23	29	23	45

<table>
<tr><td>15
一
22
9
14
23
31
23
45</td><td>13
一
22
9
12
23
31
21
43</td><td>11
一
22
9
10
23
31
19
41</td><td>9
一
22
9
8
23
31
17
39</td></tr>
<tr><td>7
一
22
11
6
23
33
17
39</td><td>16
一
22
10
15
23
32
25
47</td><td>6
一
22
10
5
23
32
15
37</td><td>17
一
22
9
16
23
31
25
47</td></tr>
<tr><td>5
一
22
13
4
23
35
17
39</td><td>16
一
22
11
15
23
33
26
48</td><td>15
一
22
11
14
23
33
25
47</td><td>11
一
22
11
10
23
33
21
43</td></tr>
<tr><td>13
一
22
17
12
23
39
29
51</td><td>11
一
22
15
10
23
37
25
47</td><td>13
一
22
13
12
23
35
25
47</td><td>11
一
22
13
10
23
35
23
45</td></tr>
</table>

姓氏為二十三劃的選局秘訣

I 二十三劃的姓氏收錄如下：

蘭欒

II 筆劃選擇法：

(1)當您的姓氏是二十三劃時，天格必定是二十四劃，五行屬火。

(2)按照不同的出生年柱，以及所屬的天助五行，個別選擇配局：

①在甲子、甲午、乙丑、乙未、庚辰、庚戌、辛巳、辛亥、壬寅、壬申、癸卯、癸酉，這十二個年份出生的人，可以考慮名字第一個字的筆劃如左，助力較大：

A筆劃數為14劃時，人格數為37劃，五行屬金。

B筆劃數為6、16劃時，人格數分別為29、39劃，五行屬水。

②在甲寅、甲申、乙卯、乙酉、丙子、丙午、丁丑、丁未、壬辰、壬戌、癸巳、癸亥，這十二個年份出生的人，可以考慮名字第一個字的筆劃如左，助力較大：

A筆劃數為6、16劃時，人格數分別為29、39劃，五行屬水。

B筆劃數為8、18劃時，人格數分別為31、41劃，五行屬木。

③在戊辰、戊戌、己巳、己亥、庚寅、庚申、辛卯、辛酉、壬子、壬午、癸丑、癸未，這十二個年份出生的人，可以考慮名字第一個字的筆劃如左，助力較大：

A筆劃數為8、18劃時，人格數分別為31、41劃，五行屬木。

B筆劃數為10劃時，人格數為33劃，五行屬火。

④在甲辰、甲戌、乙巳、乙亥、丙寅、丙申、丁卯、丁酉、戊子、戊午、己丑、己未，這十二個年份出生的人，可以考慮名字第一個字的筆劃如左，助力較大：

A筆劃數為10劃時，人格數為33劃，五行屬火。

B筆劃數為2、12劃時，人格數分別為25、35劃，五行屬土。

⑤在丙辰、丙戌、丁巳、丁亥、戊寅、戊申、己卯、己酉、庚子、庚午、辛丑、辛未，這十二個年份出生的人，可以考慮名字第一個字的筆劃如左，助力較大：

A筆劃數為2、12劃時，人格數分別為25、35劃，五行屬土。

B筆劃數為14劃時，人格數為37劃，五行屬金。

(3)弱數只要五行配合得宜，仍然可以選用。

Ⅲ選局配局建議如左：

15 一 23 1 14 24 24 15 38	8 一 23 1 7 24 24 8 31	6 一 23 1 5 24 24 6 29	外格 一 姓 名一 名二 天格 人格 地格 總格
15 一 23 2 14 24 25 16 39	13 一 23 2 12 24 25 14 37	5 一 23 2 4 24 25 6 29	16 一 23 1 15 24 24 16 39
17 一 23 6 16 24 29 22 45	13 一 23 6 12 24 29 18 41	11 一 23 6 10 24 29 16 39	17 一 23 2 16 24 25 18 41
17 一 23 8 16 24 31 24 47	16 一 23 8 15 24 31 23 46	15 一 23 8 14 24 31 22 45	11 一 23 8 10 24 31 18 41

15 一 / 23 / 9 / 14 24 / 32 / 23 46	13 一 / 23 / 9 / 12 24 / 32 / 21 44	8 一 / 23 / 9 / 7 24 / 32 / 16 39	18 一 / 23 / 8 / 17 24 / 31 / 25 48
15 一 / 23 / 10 / 14 24 / 33 / 24 47	13 一 / 23 / 10 / 12 24 / 33 / 22 45	17 一 / 23 / 9 / 16 24 / 32 / 25 48	16 一 / 23 / 9 / 15 24 / 32 / 24 47
18 一 / 23 / 12 / 17 24 / 35 / 29 52	13 一 / 23 / 12 / 12 24 / 35 / 24 47	7 一 / 23 / 12 / 6 24 / 35 / 18 41	16 一 / 23 / 10 / 15 24 / 33 / 25 48
8 一 / 23 / 18 / 7 24 / 41 / 25 48	14 一 / 23 / 16 / 13 24 / 39 / 29 52	16 一 / 23 / 14 / 15 24 / 37 / 29 52	11 一 / 23 / 14 / 10 24 / 37 / 24 47

第六篇

命名檢索字典

第一章　命名檢索字典

本篇命名檢索字典是筆者耗費相當長的時間整理出來的成果，特別將坊間常見的缺點予以改良，主要的目的是要讓讀者好用，省去不必要的時間或錯誤，本篇的特點如下

㈠編排順序完全依照字典的部首順序。

㈡筆劃數依照本書所提到的康熙字典計算法則，讀者計算時可以不用另行加減運算。

㈢不同的部首間保留空格，除了配合用字篇的原則外，更可以節省找尋適用好字的時間，以及視力的保護。

㈣每字均加上注音，找到喜歡的字，可以立刻知道怎麼唸，省去查閱字音的時間損耗。

㈤用字最多，由於某些讀者喜歡比較少見的字，於是筆者從康熙字典中擷取容易唸，而且字義沒有問題的用字加入，以提供所需。

命名檢索字典

◎一劃之字◎

一（ㄧ）　乙（ㄧˇ）

◎二劃之字◎

丁（ㄉㄧㄥ）七（ㄑㄧ）　九（ㄐㄧㄡˇ）　了（˙ㄌㄜ）　二（ㄦˋ）　人（ㄖㄣˊ）　儿（ㄖㄣˊ）　入（ㄖㄨˋ）　八（ㄅㄚ）　几（ㄐㄧˇ）　刀（ㄉㄠ）刁（ㄉㄧㄠ）　力（ㄌㄧˋ）　匕（ㄅㄧˇ）　匚（ㄈㄤ）　十（ㄕˊ）

卜（ㄅㄨˇ）　厂（ㄏㄢˇ）　又（ㄧㄡˋ）乃（ㄋㄞˇ）

◎三劃之字◎

万（ㄨㄢˋ）丈（ㄓㄤˋ）三（ㄙㄢ）上（ㄕㄤˋ）下（ㄒㄧㄚˋ）　丫（ㄧㄚ）　丸（ㄨㄢˊ）之（ㄓ）　久（ㄐㄧㄡˇ）　乞（ㄑㄧˇ）也（ㄧㄝˇ）　亍（ㄔㄨˋ）于（ㄩˊ）　兀（ㄨˋ）　凡（ㄈㄢˊ）　刃（ㄖㄣˋ）　勺（ㄕㄠˊ）　千（ㄑㄧㄢ）　卞（ㄅㄧㄢˋ）

叉（ㄔㄚ）　口（ㄎㄡˇ）　土（ㄊㄨˇ）　士（ㄕˋ）　夕（ㄒㄧˋ）　大（ㄉㄚˋ）　女（ㄋㄩˇ）　子（˙ㄗ）孑（ㄐㄧㄝˊ）孓（ㄐㄩㄝˊ）　寸（ㄘㄨㄣˋ）　小（ㄒㄧㄠˇ）　尢（ㄨㄤ）　尸（ㄕ）　屮（ㄔㄜˋ）　山（ㄕㄢ）　川（ㄔㄨㄢ）

工（ㄍㄨㄥ）　己（ㄐㄧˇ）已（ㄧˇ）巳（ㄙˋ）　巾（ㄐㄧㄣ）　干（ㄍㄢ）　幺（ㄧㄠ）　弋（ㄧˋ）　弓（ㄍㄨㄥ）　彳（ㄔˋ）

◎四劃之字◎

不丏丐丑 中丯 丹 予 互五井 亢 云 什仁仃仆今仇介仍仈
元允 內 公 兮 凶出 分切 勻勿勾 化 匹 卅升午 仄厄 及反
友 壬 天太夫夭夬 孔 少 尤 尺 屯 巴 廿 引弔 心 戈 戶
手 支 斗 斤 方 日 曰 月 木 止 歹 殳 毋母 比 毛
氏 气 水 火 爪 父 爻 爿 片 牙 牛 犬 欠 文

◎五劃之字◎

丕且世丘丙 主 乏乍乎 井 仕仙他付令以代仗仔仞 兄 冊冉
冬 凸凹 刊 功 加 包 北 匝 半 卡占 卮 卯 去 古可司叵
叫只叩叨另叮史叱句台右 四囚 外 央失 奴奶 孕 冗 宁它 尼
左巧 巨 市布 平 幼 弗弘 必 戊 扎 斥 旦 未末本札朮 正
民氐 永 玄 玉 瓜 瓦甘 生 用甩 田由甲申 疋 白 皮皿
目 矛 矢石 示 禾 穴 立

◎六劃之字◎

丞丟　乒乓　乩　亙　亥交亦　仰仵仲件任份仿企伊伉伋伎伍仳伏伐

休伙伈价　充兆兇先光　全　共　再　冰冱　刑划列劣　匈　匠匡　卉冊

印危　吏吉吃吐同各合后名向吆　团回因　在圬圭圩圮圯地　多夙　夷

夸　好妃如妄她　字存　宅宇守安　寺　尖　屹　州　帆　年　幽　弁

式　弛忉　戌戍戎　扒打扔　收　旭旬早旨曲曳　有　朱朵朴　次　此

每　氖氙　汁汀汜　灰　牛牟牠牢牡犯　甪　百　竹　米　缶　网　老

而　耒　耳　聿　肉　臣　自　至　臼　舌舍　舛　舟　艮　色　艸　虍

虫　血　行　衣　西

◎七劃之字◎

串　亨　估伯你伴伶伸伺似佃佇但佈位低住佐佑佔何佘余佛作佟伻佗

佣伽佉佢　克兌免　兵　冶冷　初　刪判別利刨　助劫劬努劭　匣　卲

卯 吳告含吞否吾君吟吠吩吭呈吶吵吸吹吻吼唔吱呀呂呆呃吧吽听 困

囪 址坎坊坑均圻坐坍圾壯 夾 妊妝妘妒妗妞妙妣妤妥妨 孚孜孝孛

宋宏完 尬 尾尿屁局 岐岑岔巫 巷 希庇序 延廷 弄 弟 彤 扣

扠 彷役 忌忘忍忙忐忑忖志 戒成我扦托扛 攸改 旱 更 李束杏杓

杜杖村杆材 步 求汞 汙汰池江汗汝汎汜汎汕 灼災灸灵 玎 甫甬

男甸 矣 礽 禿秀私 究 良 見 角 言 谷 豆豕 貝 赤 走

足 車 身 辛 辰 邑 酉 采 里 系

◎八劃之字◎

並 乖 乳 些 事 亞 亟 享京 佯佩來佳使侃侍侈例侏侚佻侘

佼侑侔侖供依侗佴侐 兒兕兔兒 兩 其具典 冒 冽 函 制刷剎券刻

刮刺到刲 效 劾勔 卑卒卓協 卦 卷 卸 厔 取叔受 呢周命和咎

咚咁呷呵呻呼咄咋咆咖咐呸咒呦味呿 固 垃垂坫垣坤坡坳坷坻坱坪 夜

奄奇奈奉　姓姑姐姊妹始妻妾委姍姒姆妯妮妲妳　孟季孥孤　宓宗定宙

宕宜官宛　尚　屆屈居　岡岱岳岵岷岸岫岬　帑帖帙帕帛帚帘　幸　底庖

店庚府　弦弧弩　彔　佛彼征徂往　忽念忝忠忱快忿　或戔　房所戾　承

折抗抓投把抄批扳扶抒抑抉技找扯扮扭　放於　旺昌昏明昕昇昆昊旼昔易

昀昉　朋服　果枝枚林枕枒枋析枇板松杷東杯枉杵杭杪杰　欣　武　歧

殃殆歿　氓　氛　沓沒沙沈沛沖沐汽決汪沔沚汨沂沃沁汾汲汰汯　炎炙炒

炊炘　爬爭　爸　版　牧物　狂狃狄　狀　玖　的　盂　直　盲　知　矽

社祀祁　秈秉　穹空　竺　糾　羌　考　肋肌　臥　臾　艾艽艿　虎

負　軋　采　金　長　門　阜　隹　青　非

◎九劃之字◎

亭亮　侮侯侵侶侷便係俊促俄俎俐俗俏俘俚俑保俟信俅俜俁俔兗俞

冑　冠　剌削則剋前剄剉剃　勇勁勃勉　匍　南　卻即　厚　叛　咫咪咨

咦咋咬咱哆哄咧咽咻咳咸哀品哂哇哆哈咼咢咮咿哎咭咡哉 垣垢型垠垛垤

垓垚 奔奎契奕奏奐 姜姝姚姣姥姨姪姬姸岔姻姿威娃姤姵 孩 宦客宥

宣室宬 封 屋 峋峒峙 帝帥帢帟 庠度 建 弈 弭 彖 形彥 律

待很後 怨急怠思怯怒怎性怪怡怕怖怦怩怔怏怍 扁 拜招拍拋抽押拄拉

拌抹抱披掘拘拓拖拔拊拆拂抵抨拗拒 故政 施 春昶昱是昨昧星映 柴

柳柄查某柏柿架枯柱柵柯柙柚柘柔染枸柑枷枳柷枰 段 毗 氟 泰泉泥

波法泡油河注泳泣泛泌況沿治泊沸沴泯泮泠泓泔泄沽沮沫然焦焙焰焜炎

爰 牲牴牷特 狗狐狎 玩玫玦珏 甚 界畏畎畋畇 癸 皆 皇皈 盅

盆盈 眇省眉盾盼相看 矜 砂砒砍 祉祈祇 禹禺 秋科秒 穿突 竑

竿竽 籽 紀紂紆紅約紇紉紃 缸 罕罔 美 羿 耍耐 耔耶 肖肘肛

肚肝肓 致 舢 芄芊芍芎芃 虐 虹 衍 衫表 要 計訂 貞 赳

軌軍 趴 酊酋 重 釔 門 面 革 韋 韭 音 頁 風 飛 食

首　香

◎十劃之字◎

毫　候俯俱倡俳倜俶俸俺倭倔倒借倬倌倥併倀倉倍倚修值倦倨倩倪倫

們倖倆俵倞倘倯　党　兼　冓　冢冤冥　清凋凍准凌　剔剖剜剮剛剕　匪

原厝　叟　哩哪哥唔哦唆哮唉哽哭哨哲哺唐哼唏員哿　埏埔埃埋城埂

夏　畚　奚套奘　娩娥娣娟娛娉娜娑娘　孫　宮家宰害宴宵容宸　射　屑

展屐　島峰峪峨峻峭峽　差　師帨席　庭庫座　弱弰　徐徑徒　息恭恩恕

恣恐恚恥恙恁恰恤恢恃恨恟恍恆恂　扇　拴拷拾抬拿拳括挈拭拮拯持指按

挖挑　料　旁　旃旅旆　晁晟晉時晏書　朕朓朔　栗桃桂桄桐桑栩桔根株

栽核桓格校桀桅栓框案桉桎桌栲桁栳栖栚　殉殊　殷　氣氤氧氦氨　流洎

洩洚洵洶活洛洽洗洋洲津洞洙洌洪洱派洼洸洺　爹　珍珈玷玲珂珊珀玳

畔畝畛畜留　皰　益盍　眠真　矩　砷砥砭破　祗祐祚神祖祠祝祓祔　崇

秝秤秣租秩秧秦秭 窄窈 站 笏笑笈笆 粉 級紝純納紙紛紗紡紜紋
紊素索紘 缺 羔 翁翃 耄 耘耕耙耗 耽耿 砃 育肯肩肢股肥肱肺
肪肴 臭臬 舀 般舫航 芙芥芸芷芝芡芹芭芩花芮芬芳芽芣芰 虔 蚤
蚊蚓 訊記託訖訓討 豈 豹豺 貢財貤 躬 軒軔軏軛 起 辱 巡迅
迄池 酒配酌 釘釜釙針釗釕 閃 隼隻 馬 骨 高 髟 鬥 鬲

◎十一劃之字◎

乘 乾 偶假偃偏停偕偷偵偟偓偰做偭偈倏偌健側偉偎偢 兜冕 寫
凰 副剪剮 勖勒動勘務 匏 匙 匾匿區 卿 參 售啡問啁唪商唱
唯啞啃唾啄唳啜唸啖啗啊啟啥唵啦唬 圇國圈 袁域埧堆基堂埴培堅堊執
埼堇 夠 婆婀婉娶婦婢婚姘婕 孰 寇密寄宿寂寅 將專尉 屏 崧崑
崍崆崤崢崙崔崎崇崖崩崗崦 巢帷常帳帶 痺庵康庸庶 張強 彗 彩彬
彪彫 從徜御徠得 患悠悉悄悍悖悌悔悃悟您悅 戚 振挫挨挹挽挺挾捆

捉捕捏捐挪捎　敘教敏救敖敝敗　斌　斛斜　旋旌族　既　晚晝晞晦晨晤

晛晟曹曼　望　朗　械梏梳梔梭梧梅梗梓條梁梢梯梵梆桷梐梨桿　欲　殺

毫毬　氪　浦涉浩涔涓浪浙沍浮海浡浥浚浴浹浞涑消浬浣爽　牽　狹狸

狼狽　率　珩班珠珮　瓷　甜　產　甭　畚略畦畢時　皎　盒盔　眸眼眷

眺眾眴　硃研　祥票祭　移秸　窕　章竟　笞笙笥笠笱笛符笵笨第　粒粗

紮累紫細絆紳紾紹組紺終紩　罣　羚羞　翎翊翌習　者　聊聆　胃背胥胗

胤胡胖胎胞胚胛　舂　船舶舲舷舵　茅苞苴苜苣茄苧茉苓若苦苔苛苟苗茁

茂苹英苑范茌苒苙苡苤苾茀荏茶莓　處　蚯蚱蛇蛋　術　袍袙袒袖袎被袈

袋袪　覓規　許訛訪訟訢訣　訩　豉　豚　貨貧貪責貫販　赦　趾　躭

軟　迎近返　邪那邦　野　釤釱釷釣釵釦釩　閉　阡　雀　雩雪　頂頃

飢　魚　鳥　鹵　鹿　麥　麻　崦

◎十二劃之字◎

傀傑傘備傳傢傖傍傒傞 冪 凱 割剩剴創 勝 勞 博 厥 喂啾

喔喲喁喨喃喋喑喊喚喟喻喧喏喉喙喝喘喳喀喜喪喇善喬單啼喵喤喓 圍

場報堯堪堞堵堡堰堤 壹壺 奢 媀婷 富寐寒寓甯 尊尋 就 屠 崽

嵌嵐崴嵋嵂 巽 幄幃幅幀帽 幾 弼 庾廂 彭 循復徨 悶惠惡惑悵

惆惚惋悽惜悲悸悻悼惕惇情惟悱悰惝惦戟 扉 捍掌掣拼捻捨捩捧捫捲捺

掄掀掃採掉掬掏探授推掮排掘掙掛控措掠接掩捷掂 敞散敦敢散 斐班

斯 普智晶晷景晴晰替最曾 期朝 棗棠棘 欽款欺 殖殘 毳毯 氮氰

氯 淼涯淚液淇涪淞淮淝淙淤淪涵淑淳混淘淋淅淟淦淥淆清淨淡淒深涼淺

淹添淀 牌 犁犀 猖猙猛猜 球琅琉現理琇 甦甥 異番畫 疏 登

發 皓皖 盜盛 短 硯硬硝硫 禊 稀稅程稍稈 窗 竣 童 等筋筍

筏筑筒答策筌筐筆 粧粵粟粥 絳絨絮絞結絡給絢絕統絲絜絪 羢翔 耋

聒　胯脆能胰胭脂脅脊胸脈胴脣　舒　舜　茗茭茴荃荔荇茜茱草茯荄茸

茹荐茵荒荊荀茺茲茼茫　虛　蛤蛙蛛　術街　裂裁袱　視　訾訴訶詛評詐

診詈証詞註詔詒　象　貂　貯貶貼貽貳貴費貲賀貿買貸　赧　超越趁　跑

跚跛距　軫軨軸軹軺　辜　迦迢迪迤迫迭述迨　邸邱邵　酣酥酢酡　釉

量　鈕鈧鈤鈔鈦鈞鈍鈉鈇鈁鈣　開閑閒閏閔閎間　阮防阱　雁　雇集雅雄

雲雱雯　項須順　馮馭　黃　黍　黑　黹

◎十三劃之字◎

亂　亶　傳僅傲催傷傴僂傾僉債傭傻傺傯僄　剿剽剷　募勢勤勦　匯

嗚嗟嗔嗜嗅嗎嗣嗇嗓嗡嗆嗌嗑嗉嗌嗩嗙　園圓　塘塑塔塌塗塞填塢　塍

奧　媚媒媛媧媾嫋媼媽嫉嫌嫂媵媳　孳　寖寘　嵩嵯　幌　廈廊廉　彙

微　感想愁愈愍意惹愚愛惰惲惱惺愉惶惻愎愐愆愔　挪揚援揪揮描揩提

揣換揭插揠掾握揉揍揕楂　揹　敬　勘　新　暗暄暖暑暈暇暌暉會　楹楔

椽楣楫極業楂楊楚榆楓楮椿楸楷椰楦楨楯 歇 歲 殼殿毀 毓 毽 湲

淵渚渠港湄湍湖渺渾游湯湘渤渭渦渡湛渴減渙汽測湊渨湧渟渲渣渼湝 煉

煬煨煮煎熙照煞煖煙煩煒煤煲煌煜煥 爺 牒 猷 猩猴 琳琢琨琥琚琦

琪琮琤琵琶琴 瓶 畹畸當 皙 盞盟 著 睥睚睫睛睦督睜睡 矮 碑

硼碘碇碓碎碌碉碗碰 禁祿祺 稔稚稗稠稟稞稜 窟 筷筧筵筳筠筮 粱

粳 綆綁綏經絹綑綖 羨義群 聖 聘 肄肆 脛脯脫脩脡 舅與舉興

舊 艇 荷荻荼莠莆莒莉莩莎莢莞莛莖莓莘菟莫莨莊 虞虜號 蜂蜓蜒蜇

衙 裙補裏裟裘裝裔裊裎裕 解 詠詩詵詭誅試詳誇詢詡詹詼詣詮詰話

登 貅貉 賃賁賈賄賊賂 跺路跟跳跪跤 躲 軾較載輈輀 辟 農

迴迷送退逆追 郇郁郊邽部 酪酩酬 鉤鈶鈿鈴鉀鉛鉦鈸鉅鈷鉧鉋鉗鈺鉬

鈾 閘 阻阽阿附陀 雌雉雊雋睢雍 雷電零 靖 靶靴 頑頒頌頓預

飯飲 馴馳馱 鼎 鼓 鼠

◎十四劃之字◎

僕僮僑僖像偽僭僥僦僚僧僱僩僨　兢　凘　凳　劃　匱　厭　嗚嘈嘆

嘏嗾嘍嘔嗽嘉嘖嗶嘗嗄嗹嘓　圖團　墁墊墅墾塿墉境墓塹墈　壽　夢夥

奪獎　嫗嫜嫡嫣嫩嫦嫘嫚　孵　寞察寥寡實寧寨　對　嶂嶄嶁　幔幗幕幛

幣　廎廖　彰　愿慈態慌愴愧愫愬愷　截　搗搥搓搜搬搶搨搭損搖搽搧搏

搐摁　敲　敵敷數　旗　暢　榛榴榔榕榮榨構槍槓榷榻榜槐槌榤　歌歉

滕　溱滎溓滏溠滂源滔溫溢溲溺滄溼溽溪溴滋溶滑溝溜溯滅溘溏準溎　熒

煽熄熊熱熠熟熅熨　爾　犒　獃猿獄獅猻　瑟瑁瑚瑛琿瑞瑋瑕瑜瑙瑄　甄

疑　監盡　睿睽瞅瞄睹　碩碳碟碧　福禍禎禊禓　種稱　端　箇箋箍箝

箜管箔箕箏算箐　精　綜綻綬綴維網緉綽緊綦緋緇綠綵綺綾綢綿　罩置罪

翡翠　聞聚　由肇　脾腎脹腋腑腔腐　臧　臺　舔　舞　艋　菉華菜菘

菠菅萊菔菌菰菱萍菸菖菁菲萎萑菹菽萁莽菩萋萌萃萇菶菏萄茹菼菊菀菡

蜜蜢　裯裹祼裼裾褂裳製裴裱　誤說語誕誦誨誥誡誠誌認誓誆誘　豪　貌
賓賑　趙趕　輕輓輔輒　辣　逐逍這透通逝速造連逢途逕逗逛　郝郎郡
酸酺酵酷　銀銜鉼銅鉸銫鉻鉺銖銘銓銚鉿銠鉯　閣閤閨閩閡閥　降陋陌
限陔　雒　需　靼鞅　韶　領頗　颯颱　飽飾飼飴　駁　骯　髯　魁　鳴
鳳　麼　鼻　齊

◎十五劃之字◎

儅僵價僻儀儂億儆儈儇儍儉　劇劍劉劈劊　厲　嘴嘩噓噎嘲嘶嘹嘻嘮
嘬噘嘰嘿嘟噗　墣墳墟墦墨墩墜墮增　嫵嬌嬈嫺嬋　審寮寫寬　履層　嶝
嶙嶠嶔　幟幡幢　廟廚廠廢廣　彆彈　影　徵德徹　慰慧慾慮憂慶慕慳慘
憋慢慵慟慴慣慷慨慓慚　戮　摹摩摯摸摧摘摒摺摟摳撇摑摔摻　暮暫暴暵
標概槽槿樂樊樓樗樞模樣樟樁槻　歎歐　毅　漓漳滾漿滌滷漢潁漣漪漾
漩漚漠漕浪漂漆漲漫演漏滲滴滯漁滿漬漸　犛　瑰瑣瑪瑩瑤　畿　皺　盤

瞑瞌　確碼磅碾磁磊磋磐　禡　稿稼稽稻穀稷稹　窯窮　箬箭箱箴篇篆

節箸篁範　糊　綿線緒緯緦緞練緣緹編緻緲緬緡緩緗緘締緝　罰署　羯

翦翩　耦　腰腩腳腹腸腺腴腱腫腦　著葡葩葉葛萼葎萸葚萱葷董茲葵葆葫

葬蒐葦葳萬葒葶葽蒂　蝙蝠蝴蝶蝗蝌蝕蝦　衝　褓褚褘褐褊複褙諍諄論諒

調諗誼請誰談課調諂　豎　賜賣賞賡賢質賤賠賦賬　趣趟　踢踞踏踐踩躺

輪輟輝輞輛輦輩　逮週逸　部郭　醋醁醉醇醃　鋪鋰鋅鋒銳鋤銲鋌銷鋙

鋁鋐鋇　閱閭　陝陡陟院除陣陞　霄震霆霉霂霈　靚　靠　鞋鞍鞏　頡頦

領颳　餃餌餉養　駐駒駛駕　骷　髮髫　鬧　魂魄　魯　鴉　麩麵　麾

齒

◎十六劃之字◎

儐儔儕儒儘儓　冀　凝　劑　勳　噫噬器噸噩噴噱噤噢噯噭噲噹噙噶

壁壇墾　奮　嬴　學孺　寰　導　嶧嶮　彊　憑憲憊憩憨憬憧憫憐憔憚

憎憔憍 戰 撐撲撤撮撩撈撞撅撒撫播撥撙撚撕撬 整 曈暨曇曄曉暾曆

暸 樸橫橢機樽樹樵橘橡橄橙橐橋樺橇橛橧橦橒 歷 潘澍澗潭澇潮潤潺

潦潰澆潑潔澱澳濃澹濁激澡澄澌澐潗潷 燙燈熾燒燎燐燕熹燉燃燄 瑾璀

璉璋璇璃 瓢 甌 盧 瞞瞥瞠 磨 穌穎穆積 鏮 窺 篩篡篤篙築

糗糖糕 縕縊縋縈縛縣縝縉縐 罵罷 羲 翰聯 膏膀腿 臻 艙 蒹蒜

蒿蓉蒐蒔蓑蒺蒼蓁蓄蓋蓓蒴蒟蒙蒞蒲蓖蓐蒸蒡蒨 融螢螃螗螞螣螈 衛衡

褫 褪褰褟 親 諛諭諺謂諾諳諸謁諦諱諼諜諫諠諷諧諡謀諮 豬豫

貓 賴 賭 赭 踱踹踵蹄踴 輻輯輸 辨辦 遁逼違遏過運遇遂達遊遑

遍道 顎 都郵 醍醒醐 錫鋸鋼錘錐錞錦錄錚錮錯錩錶錡 陪陳陰陲陵

陶陸陷 雕 霍霖霓霏霑 靛靜 鞘 頭頸頤頹頰頷頸頻 餓餒餐餘 駑

駙駱駟駝 骸骼 髻 鮑鮒 鴛鴦鴨鴕 黔默 龍 龜

◎十七劃之字◎

償優儡　勵　嘯嚇嚎嚅嚀　壓壑壕　嬪嬰　嶸嶼嶺嶽　幪幫　彌　徽
應懇懋憾懊懈懂　戲　擘擇擒撼擂擊擎擋撻擄擅操擔據撿擁　斂　曖
檔檣檟檀檉檜檢　氈　濂澤　營燠燥燦燧燭燴　牆　獨　璞璟璠璐　皤
盪　瞭瞰瞧瞳瞵　磯磴　禦禧禪　穗　篷簃篾簇　糜糟糠糙　縮縹縵績縫
縱總繆繃　翳　聰聳聲　膝膛膚膜膠　臨　艱　蔟蓿蔣蔬蔽蔭蔫蕁蓽蓬蓮
蔻蓼蓨蔑　螺螳蟀蟋蟑　襄　褳襁　謄謎謙謝謏謗講謊　谿豁　貔　賽賸
購賺賻　趨　謙　輿轅輾　遜遣遙遠遢遞　鄉鄒　鍺鍋鍾鍠鍵錨鍥鍍鍶鍊
鎂　闌闇闊闆闈　陽隄階隈隅隆隍隋隊　隸　雖　霜霞　韓　顆　餅餡館
駿騁駸　鮮鮫鮭　鴿鴻　黏　點黜黛黝　鼾　齋　擣

◎十八劃之字◎

儲儱　叢　噠嚕嚨　嚮　壘壙　懞　戳戴　擰擠擣擦擱　斷　曚曜
檳檯檻　歟歸　澀濯濡濘濤濫濬濮濱濛濟濰　燿　爵　獲　璧璩璫環璦璨

瓣　瞿　矯　礎禮禱　穡穢穠　竄竅　簪簡　糧　繒織繕繞繐　翼翻

聶職　膨膳　蕭蕊蕩蕎蕘蕈蕨　蟲蟬　覆　謹謨謬　豐　贅　蹕蹦蹤蹩蹟

軀　轉轆　遭適　鄙鄞鄢鄘　醫醬　釐　鎵鎗鎚鎖鎳鎢鎰鎮鎊鎔鎧　闔

闖　雙雛雞雜　鞦鞭　顏題額顎　馥　餬餵　騎騏騄　鬆鬃　魏　鯁鯉

鵝鵑鵠　鼬

◎十九劃之字◎

壞壟嬿　寵　廬　懲懭　攀擷擺擾擴　曝曠　櫟櫚櫓櫛櫝　瀕瀉瀘

瀑瀅　爆爍獸　璽瓀璿　疆　礙　穫穩　簸簿簽簷　繯繪繫繩繳　羶羹

膽臂膺膿　薇蕷薔薑薦薈薄薪薛薌薏　蟹蟻蠅　襖襟襛　覈　識譚　贊贈

蹴蹲蹭蹬蹺　譏譁證譜轍轎　辭　遴選遵遷遲遺遼　鄧鄭鄰鄯　醮　鏡

鏜鏗鏘鏈鏇　關　際　離　霧　靡　韻　類願顛　餿餽　騙騖　鬍　鯨鯖

鯧鯛鯰　鵬鵰鵲　麒麓麗　麴　龐

◎二十劃之字◎

勸 嚴嚷 壤 夔 孀 寶 彎 懸懷懶 攏 曦曨 櫳 歡 瀝瀕

瀚瀧 爐 獻 瓊 礪礫礬礦 竇 競 簫籃籌籍 糯糰 繡繻纂 罌

羅 耀 臍臘 艦薰藎藍薺薹薯藐藏薳藉薩 蠑蠔 襤 覺 觸 議譬譯

警 贍 贏 躁躉 辮 避邁還邀 醴醲 釋 鐘鐐 闡 霰露 飄 饈

饅饉 馨 騫騰騷 鰓鯽鰉鰒鰍鶩 鹹 黨 熬 齡

◎二十一劃之字◎

儷儺儸 嚼 屬 巍 懺 攘 曩 欄櫻權 瀰瀾 爛 瓏 籐 纍

纏續 藕藥藩藝藤 蠡蠢 襪 覽 護譽 贐贓 躊躍 轟 辯 醺 鐵

鐮鐳鐸鐺 隧隨險 霹霸 顧顥 飆 饋饒饌饑 騾驅 髏 鰜鰭 鶯鶴

黯

◎二十二劃之字◎

儻 儼 囊 孿 巔 巒 懿 懼 懾 攜 攝 瀟 灃 疊 竊 籙 籟 籜 籠 聽

聾 臚 朧 盧 藿 蘇 藻 蘋 藷 藺 蘆 藹 藶 襯 襲 襱 讀 贖 躕 邊 轡 鄺

鏽 鑄 鑑 鑒 隱 霽 韃 韁 響 顫 顯 饗 驕 鬚 鱈 鰹 鰱 鰻 鷗 龔 龕

◎二十三劃之字◎

巖 戀 攤 曬 灑 灘 蠱 籤 纓 纖 蘚 蘩 蘭 讎 讌 變 贛 鑣

顯 驗 驚 驛 髒 體 髓 鱔 鱒 鱗 鷸 鷲 麟 黴 麯

◎二十四劃之字◎

囑 壩 戄 攫 攪 籬 罐 讒 讓 釀 鑫 隴 靂 靄 靈 鬢 鷺 鹼

◎二十五劃之字◎

廳 攬 灞 灝 羈 蘿 觀 酆 鑲 顱 鹽 黌

◎二十六劃之字◎

灣 矚 讚 鑴 驢 驥

第二章　命名運作實例

相信姓名學的初學者，或是想幫自己的小寶貝命名的讀者，看過相關的著作，往往不知道怎麼開始，到底要先找用字？還是先選筆劃格局？摸索的過程，總要耗費相當多的時間，非常沒有效率，有鑑於此，為了解決這個問題，筆者特別寫出本篇，藉由實例的運作，讓您更清楚怎樣命名，而本篇的實例都是筆者嘔心瀝血的服務成果，所列出的名字是客戶挑選運用的結論，並不是筆者才給一個名字（目前提供八個名字），另外，除了必須徵求當事人或父母同意所建立的前提下，個人的重要資料也不能完全公開，這項原則是筆者必須堅持的理念，也是業務上重要的規範。

在後續的幾個實例之後，對於怎樣命名，您會更能掌握。

命名實例運作——嬰兒命名

福主：鍾小妹妹

祥誕於89年5月吉日吉時

鍾小妹妹的先天八字年柱是「庚辰」，月柱是「壬午」，日柱是「丙午」，整個命局火有點太旺的現象，所以在選字上能夠用「金」或「水」是上上之選，而在筆劃的選局配局上，由於是「庚辰」年生，人格數若能用「水」，就更妙了，經過筆者命名，提供八個名字之後，鍾小妹妹的父母選擇了『鍾淳涵』這個名字，也配合在吉日吉時啟動，祖父母愛孫心切，特別請筆者製作「開運雙寶印璽」送給孫女當見面禮，印材則選用「墨玉晶檀」，真是令人羨慕。

龍琳居士姓名解析

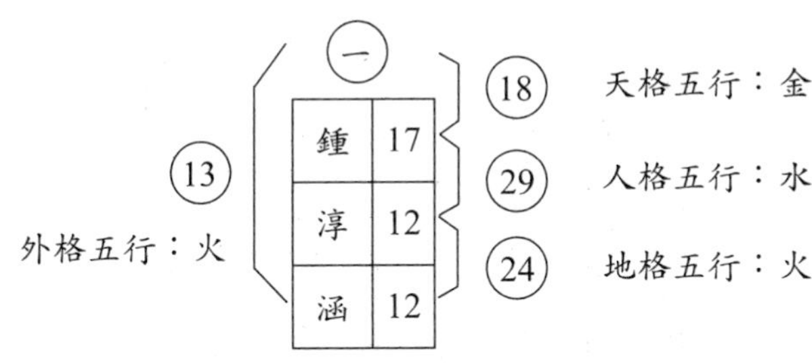

一、筆劃解析：

(1)人格：☑強數□弱數

(2)地格：☑強數□弱數

(3)外格：☑強數□弱數

(4)總格：☑強數□弱數

(5)格局綜合解析：

人格得到天助五行的能量，屬於中上之上的筆劃配局。

二、用字解析：

「淳」：陰邊大吉、陽邊中吉。

「涵」：陰邊大吉、陽邊中吉。

三、助力解析：

此名助力能量約93分。

命名實例運作——改名

福主：林小姐

祥誕於44年12月吉日吉時

林小姐的先天八字年柱是「乙未」，月柱是「己丑」，日柱是「庚子」，只要再晚兩天便交立春，年柱、月柱就完全改變，生在大寒時節，命局稍有寒凍的現象，用字能安排「火」字當然最好，但是火字邊又適用於女性的字太少了，用「木」來生火是絕佳的選擇，在筆劃上，天助五行的能量以人格「金」是最好的安排，所以人格以17、18劃最好，在八個名字當中，林小姐選擇了「庭榛」的名字，由於林小姐覺得改名有點麻煩，所以並沒有到戶政事務所辦理手續，只能由「偏名」的作用獲得能量，雖然如此，擇日啟動仍然可行，更妙的是林小姐藉由「超能寶印」的作用，刻上新名字，完全得到這個旺名的靈動力。

龍琳居士姓名解析

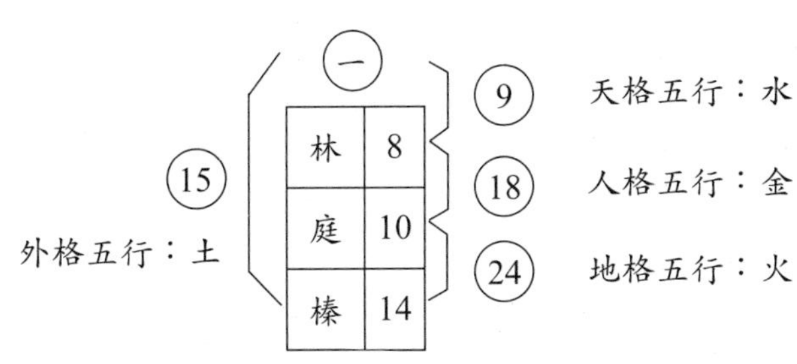

32　總格五行：木

一、筆劃解析：

(1)人格：☑強數□弱數

(2)地格：☑強數□弱數

(3)外格：☑強數□弱數

(4)總格：☑強數□弱數

(5)格局綜合解析：

人格得到天助五行的能量，自下而上，一路順生，屬於上等的筆劃配局。

二、用字解析：

「庭」：陰、陽兩邊均相當有助力。

「榛」：陰、陽兩邊均相當有助力。

三、助力解析：

此名助力能量約96分。

命名實例運作——改名

福主：黃奕騰先生

祥誕於63年3月吉日吉時

福主的父母由於自行幫小孩所取的名字用字太過普遍性，而且發現有不雅的諧音，而想改名，在親友推荐之下，購買拙著《陽宅佈局開福運》一書，對於筆者的用心相當認同，而請筆者服務。

福主的年柱「甲寅」，月柱「丁卯」，日柱「甲戌」，在筆劃配局的選擇上，人格數以「水」或「木」最佳，必須注意的是姓氏「黃」是十二劃，不是十一劃，這點初學者容易混淆，特別提醒。在用字上父母交待筆者不要出現「SPP」的字，真是用心良苦，最後在八個名字裏挑選了本組，非常滿意，也高高興興地擇日啟動，福主最近請筆者為自己與女友批八字，並提供最佳印材的建議，想開運DIY，自己設計開運印鑑，無巧不成書的是兩個人的用神都是「火」、「土」最好，便選擇了最高貴又散發香氣的「琥珀香檀」對章，誠心地祝福他們。

龍琳居士姓名解析

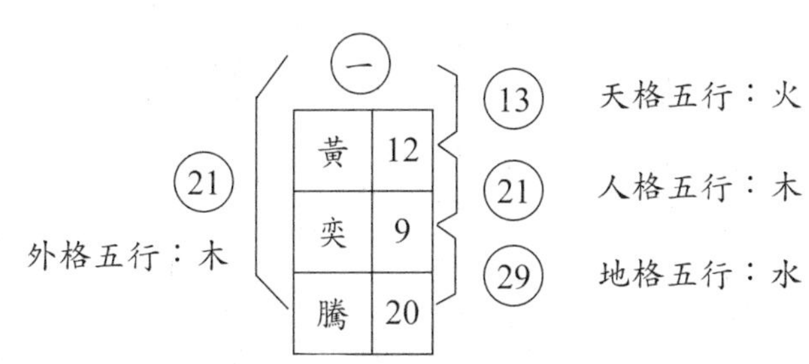

一、筆劃解析：

(1)人格：☑強數□弱數

(2)地格：☑強數□弱數

(3)外格：☑強數□弱數

(4)總格：☑強數□弱數

(5)格局綜合解析：

人格得到天助五行生扶，他格也錦上添花，屬於上等的配局。

二、用字解析：

「奕」：陽邊中吉，陰邊大吉。

「騰」：全字偏旁均相當有助力。

三、助力解析：

此名助力能量約94分。

命名實例運作——超能寶印旺名

福主：楊宸宇

祥誕於45年12月吉日吉時

福主是筆者的陽宅客戶，在桃園市購買壹棟透天別墅，由於是預售屋，在原先的設計上有相當多的問題，而建設公司也承諾願意配合整體格局在不影響結構的前題下給予調整，所以也是陽宅的規劃案，但受限於先前的因素，所以特別困難，幸好在傷了幾天的腦筋之後，得到了相當完美的好陽宅。

福主的年柱是「丙申」，月柱「辛丑」，日柱「甲午」，在筆劃的選局上，人格以「火」最佳，所以第一個字用十劃是不錯的選擇，經過八組的挑選，楊先生選擇了本組，覺得非常喜歡，附帶提到，楊先生是希望能夠用旺名來製作超能寶印，可以得到更強的效果而命名，並不是改名或取偏名，算是比較特殊的案例。

龍琳居士姓名解析

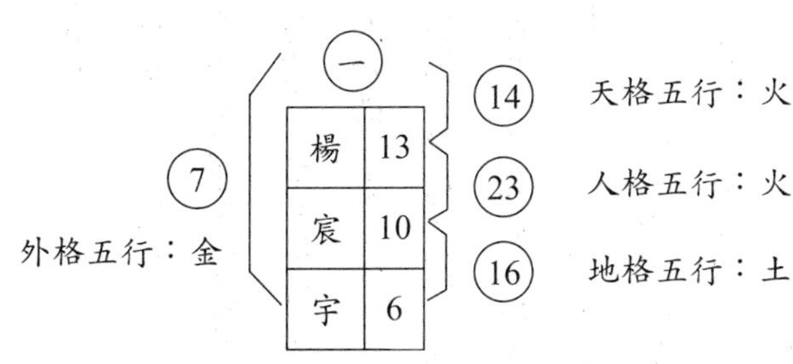

29　總格五行：水

一、筆劃解析：

(1)人格：☑強數□弱數

(2)地格：☑強數□弱數

(3)外格：☑強數□弱數

(4)總格：☑強數□弱數

(5)格局綜合解析：

人格得到天助五行生扶，全局有通關引化的效果，屬於上等的配局。

二、用字解析：

「宸」：陰邊與陽邊都相當有助力。

「宇」：陽邊大吉、陰邊中吉。

三、助力解析：

此名助力能量約91分。

命名實例運作——公司名

福主：陳小姐

祥誕於49年9月吉日吉時

福主與筆者在某個演講會認識，在會中陳小姐提出了相當多的陽宅問題向筆者詢問，幾個月後，打算成立補習班而請筆者命名。

公司命名的步驟必須先確定「底格數」，也就是名字下面要怎麼接，某些行業有一定的名稱，一般則有幾種選擇，陳小姐所確定的是「文理補習班」。

經計算的結果，底格數是51劃，五行屬木，陳小姐的先天八字年柱「庚子」，月柱「丙戌」，日柱「己丑」，若是「名格數」屬「土」，則全銜數屬「金」，是絕佳組合。

在用字上，公司命名所要斟酌的除了要配合當事人外，最好要和行業的性質有關，而且要好記、好叫、容易介紹，此外，公司名也可能有重覆或近似的情形發生，所以必須多取幾個，比起個人命名，困難度大增，經過一番的功夫，陳小姐確定使用「冠朋」名格數十七劃，全銜數六十八劃，在用字上「冠」字與「朋」字都是相當有助力的字，

而且有「望文生義」的效果，使人聯想到『成績是朋友、同學之冠』，由於篇幅有限，若是讀者想更進一步掌握公司命名的秘訣，拙著《命名高手》由知青頻道出版，非常值得研究。

觀龍陽宅命理館服務簡介

負責人：龍琳居士

超能寶開運印鑑聯盟

超能寶開運用品聚寶閣

（經濟部智慧財產局註冊號數〇〇一〇四五三九、〇〇一一五三一四及〇〇一六四四七八號）

姓名學：所給的名字能量均在八十五分以上，若所取之名字與長輩重複或其他原因致無法使用者，可重新命名一次，另免費擇取吉課催旺良名。

成人改名、嬰兒命名：肆仟陸佰元，憑服務卡優待為參仟陸佰元。

藝名：壹萬貳仟元，憑服務卡優待為壹萬元。

公司命名、商品命名：伍仟貳佰元，憑服務卡優待為肆仟貳佰元，另加八字論命得享優待。

姓名鑑定：陸佰元，憑服務卡優待為每個名字**壹佰元，每張服務卡限用一次，請附服務卡及回郵信封，未使用恕不優待**。

陽宅服務：

吉凶鑑定：讓您了解欲買欲租之陽宅吉凶，每趟捌仟元，可看兩個單位。

陽宅佈局：（附貴宅實際比例佈局說明圖，提升精準度，服務周到）

公寓：單層壹萬元，複層壹萬貳仟元。

透天房屋：三層以內壹萬貳仟元，四層（含）以上每層加貳仟元。

店面、辦公室、營業場所：壹萬捌仟元。

空地規劃建屋：陸萬陸仟元。

文昌狀元峰、文昌狀元筆組：捌仟元，憑服務卡優待為陸仟元，為催發文昌利器。

＊遠地另加車馬費參仟元＊特殊案件面議＊面積太大面議＊海外案件另議。

八字論命：貳仟元（附詳細解說之批命單，郵寄到府，並可來電詢問）憑服務卡優待為壹仟陸佰元。

※胎兒挑選八字：壹萬元，憑服務卡優待為捌仟元。

手相：陸佰元（需親自前來）。

擇日吉課：

入宅：壹仟元。

嫁娶、開市：貳仟元。

卜卦問事：壹仟元，憑服務卡優待為陸佰元。

設計開運名片：參仟陸佰元，憑服務卡優待為參仟元，並附八字批命單。

開運印鑑：參萬陸仟元，憑服務卡優待為貳萬捌仟元，並附八字批命單。

公司印：陸萬元，憑服務卡優待為肆萬捌仟元。

機關印：拾萬元，憑服務卡優待為捌萬元。

超能寶印：肆萬陸仟元，憑服務卡優待為參萬貳仟元，並附八字批命單。

開運雙寶印璽：捌萬元，憑服務卡優待為肆萬捌仟，並附八字批命單。

其他尚有**貴人寶印**、**文昌寶印**、**陞官寶印**、**戀愛寶印**、**心心相印對章**：都是龍琳居士特有的印章法寶。

各項教學：限心性善良，有緣之人，從基礎開始，保證有專業實力，教會為止。

陽宅班：捌萬捌仟元。　手相班：參萬陸仟元。

八字班：參萬陸仟元。　卜卦班：參萬陸仟元。

姓名學：陸萬元。　擇日班：參萬陸仟元。

八方太極定規：原價陸百元，憑服務卡每枚參佰元，為繪製陽宅平面圖及開運印鑑之利器。

開運吉祥圖：「三元及第」、「五福臨門」、「獨占鰲頭」、「心心相印開運圖」、「龍馬配印」、「喜上眉梢」、「如意臨門」、「松鶴延年」、「解桃花秘圖」

等，一系列吉祥圖，由台灣紅檜製成，足彌珍貴。

室內設計、景觀規劃：由本館不動產規劃部之專屬設計師規劃設計「筆者指導認證」依案件情形計算費用。

※費用若有調整，因無法通知，請見諒。

觀龍陽宅命理館　**負責人：陳詮龍**

地址：台中縣龍井鄉藝術街112號

預約專線：（〇四）二六五二〇四八〇　行動：〇九二〇四六三三六三

郵政劃撥帳號：二二二一五六一〇六　戶名：陳詮龍

觀龍陽宅命理館台北分館　**負責人：陳涵沄**

地址：台北縣新店市永華街33巷4號5樓

預約專線：（〇二）二九一六一八七二

國家圖書館出版品預行編目資料

三分鐘學會姓名學／龍琳居士著.
－－第一版－－ 台北市 宇河文化 出版；
紅螞蟻圖書發行，2003〔民 92〕
面　　公分，－－(Easy Quick；30)
ISBN 957-659-383-2(平裝)

1.姓名學
293.3　　　　　　　　92008941

Easy Quick 30

三分鐘學會姓名學

作　　者／龍琳居士
發 行 人／賴秀珍
榮譽總監／張錦基
總 編 輯／何南輝
文字編輯／林宜潔
美術編輯／林美琪
出　　版／宇河文化出版有限公司
發　　行／紅螞蟻圖書有限公司
地　　址／台北市內湖區舊宗路二段 121 巷 28 號 4F
郵撥帳號／ 1604621-1　紅螞蟻圖書有限公司
電　　話／(02)2795-3656（代表號）
傳　　眞／(02)2795-4100
登 記 證／局版北市業字第 1446 號
法律顧問／通律法律事務所　楊永成律師
印 刷 廠／鴻運彩色印刷有限公司
電　　話／(02)2985-8985 · 2989-5345
出版日期／ 2003 年 7 月　第一版第一刷
　　　　　2007 年 1 月　第一版第二刷

定價 250 元

ISBN 957-659-383-2　　　　**Printed in Taiwan**

讀者服務卡

親愛的讀者您好：

藉由本書與您結緣，實莫大之榮幸。

您可運用本服務卡，得到優惠之服務，只要剪下服務卡，填妥背面資料，連同費用寄予筆者即可，若不清楚，請先來電洽詢。

地址：台中市南屯區大墩一街二九一號　龍琳居士　陳詮龍收

電話：（〇四）二四七三六四五七

服務事項	資料欄		附註
請選所需之服務：《每張卡限用一次》 □命名服務 □陽宅服務 □八字論命 □擇日吉課 □開運名片 □超能寶印 □開運印鑑 □開運雙寶印璽 □八方太極定規 □新書通知 □姓名鑑定《本項服務請附回郵信封》	姓名		嬰兒命名，請附嬰兒本身及其父母之生辰，互相催助。 已婚者若欲改名，請附配偶之生辰，互相催助。
	性別		
	出生年月日時 國曆或農曆請註明		
	電話		
	住址